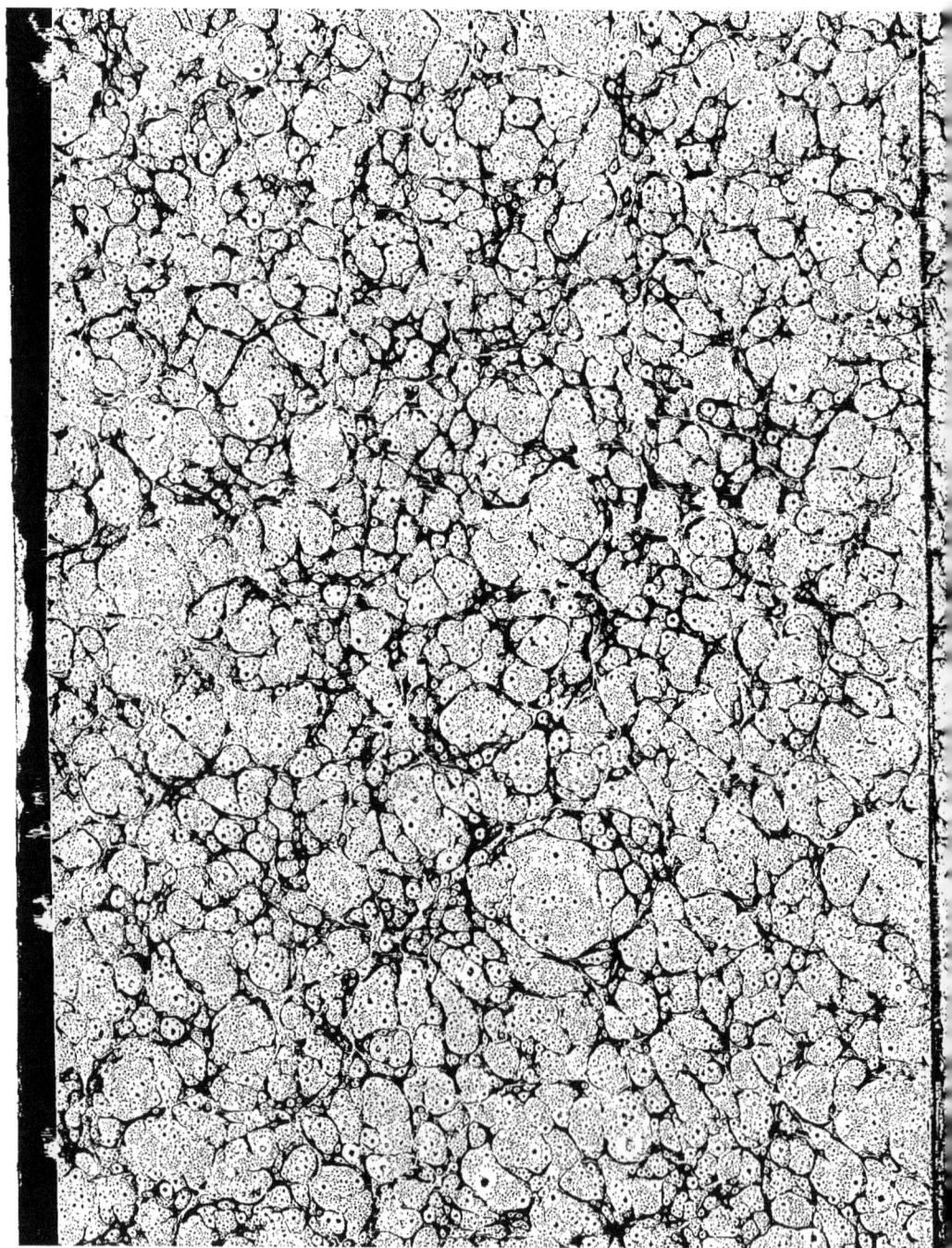

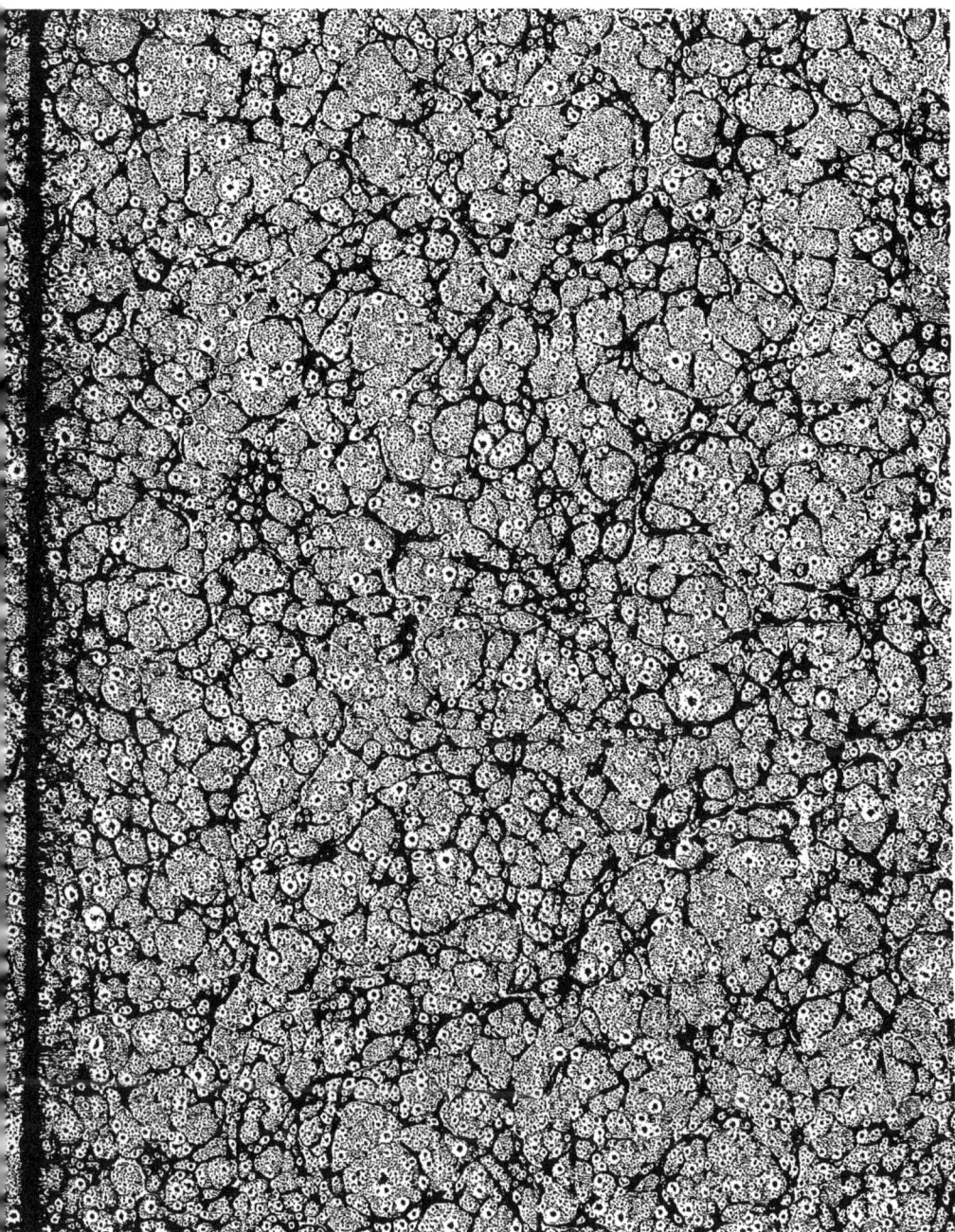

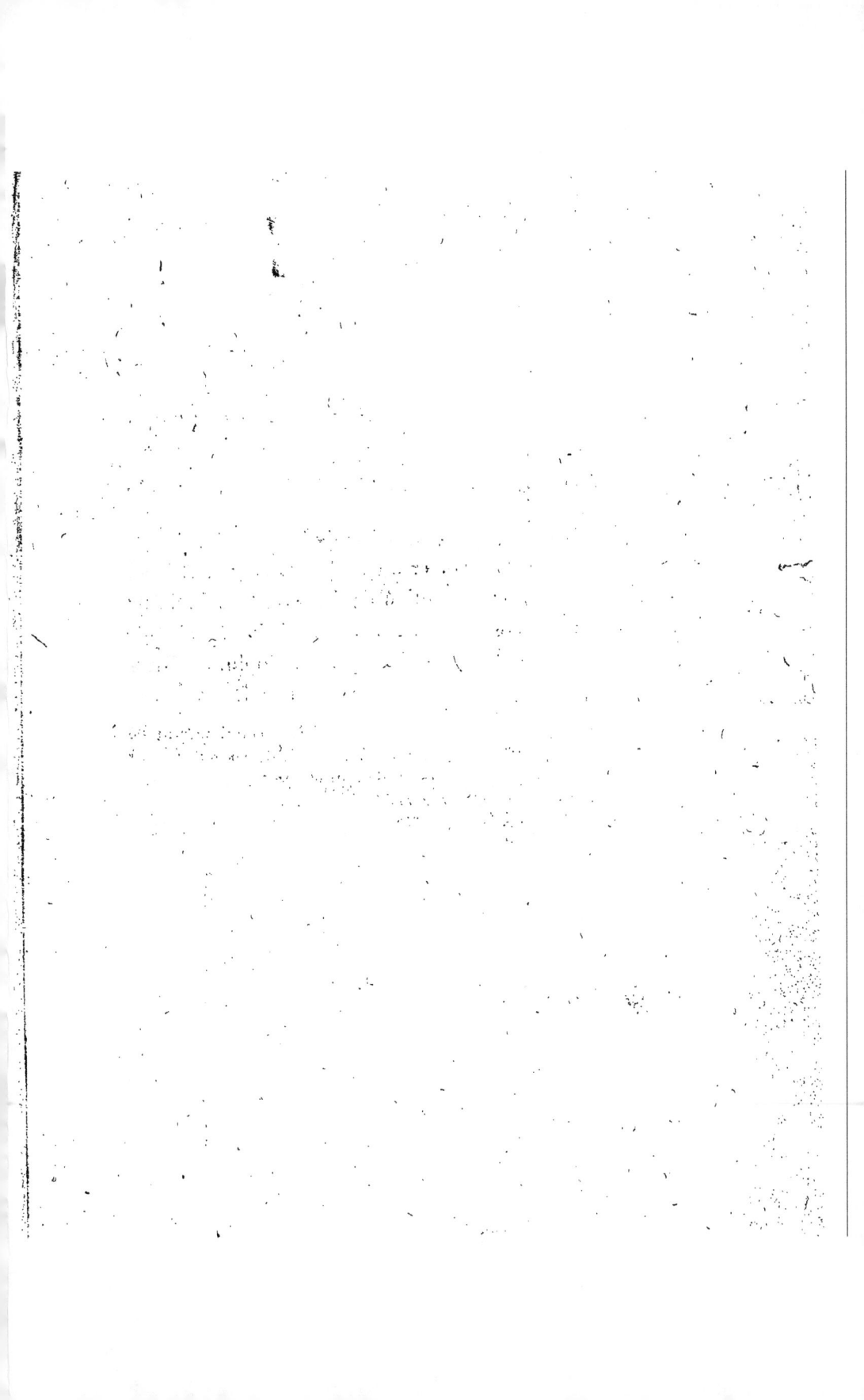

AVIS.

A ces Observations il faut joindre l'ouvrage suivant :

Lois criminelles, extraites de la collection in-4°,
dite du Louvre, et du Bulletin des lois, Recueil
composé en exécution de l'avis du Conseil d'État
du 7 janvier 1813, sur la commission spéciale de
M. le garde-des-sceaux; par M. Dupin. — Paris,
1821, 2 vol. in-8° reliés en un seul.

Ce *Recueil* comprend les lois et réglemens qui servent de
complément aux Codes de 1810. Il contient, en outre, par
forme d'*Appendice*, les Codes de 1791 et de l'an IV, et toutes les
lois d'exception promulguées depuis 1814. Le tout accompagné
de notes et de conférences, et d'une table générale des matières.

OBSERVATIONS

SUR

PLUSIEURS POINTS IMPORTANS

DE

NOTRE LÉGISLATION CRIMINELLE;

Par M. DUPIN,

DOCTEUR EN DROIT ET AVOCAT A LA COUR ROYALE DE PARIS.

. . . . Longa est injuria, longæ
Ambages, sed summa sequar fastigia rerum.
Virg. Æneid. liv. I.

PARIS.

BAUDOUIN FILS, IMPRIMEUR-LIBRAIRE,

RUE DE VAUGIRARD, n° 36.

JUIN 1821.

TABLE DES MATIÈRES.

FIN DE LA TABLE DES MATIÈRES.

OBSERVATIONS

SUR

PLUSIEURS POINTS IMPORTANS

DE NOTRE LÉGISLATION CRIMINELLE.

Observations Préliminaires.

Je désire qu'on ne se méprenne point sur le caractère des réflexions auxquelles je vais me livrer.

Ce n'est point l'esprit de parti qui m'inspire; je ne dois donc pas être jugé par l'esprit de parti.

Je n'écris sur les abus de notre législation criminelle, ni pour le vain plaisir de critiquer, ni avec l'amertume d'un mécontent ou la malveillance d'un ennemi; mais dans un désir sincère de voir s'améliorer nos lois les plus précieuses, celles qui garantissent le repos, la liberté, l'honneur, la vie des citoyens; sans autre passion que celle du bien public ; sans autre chaleur que celle qui doit naturellement animer un ami de l'humanité, lorsqu'il stipule dans l'intérêt de ses semblables.

J'aime la justice ; tel est, j'ose le dire, le fonds de mon caractère : je ne prétends rien ôter à son pouvoir légitime : son action doit être forte, prompte, irrésistible; mais elle ne doit pas seulement être vengeresse, il faut aussi qu'elle se montre protectrice ; il ne faut pas qu'elle laisse l'innocence et le malheur dépourvus de moyens de défense, à la merci de toute espèce d'agression.

Assez d'autres ont écrit dans l'intérêt exclusif du pouvoir; qu'il me soit permis d'élever la voix en faveur de ceux sur qui le pouvoir s'exerce. Habitué au doux ministère de la défense, il ne me sera jamais possible d'y renoncer. Je consens même à ce titre qu'on se prémunisse contre mes discours : que l'on dise tant qu'on voudra : « C'est un avocat qui » parle; c'est un homme accoutumé, par état, » à prendre le parti de ses semblables, à les » excuser, à les défendre des accusations dont

» ils sont l'objet; son premier mouvement est
» de ne voir dans les accusés que des hommes
» innocens ou malheureux; il voudrait qu'on
» traitât un prévenu comme un homme libre,
» et qu'on usât de ménagemens même envers
» les criminels; défiez-vous de sa philan-
» thropie.... »

Je n'en écrirai pas moins comme je pense
et comme je sens.

Assurément, je ne m'aveugle pas au point
de croire que toutes mes remarques obtien-
dront l'assentiment général : mais je me rends
d'avance le témoignage que je n'aurai rien
écrit que selon ma conscience, et d'après une
expérience acquise par vingt années de pratique et d'observations.

Je n'entreprendrai point de signaler tous
les vices de notre législation pénale, et tous
les abus qui déshonorent l'administration de
la justice criminelle.... Je n'y suffirais point...

D'ailleurs, il faut se tenir pour dit qu'il n'y
a point de loi humaine qui ne participe de
l'infirmité de notre nature. On renverserait
tous nos Codes, on les recommencerait en entier, que des vices nouveaux et imprévus vien-
draient prendre la place de ceux qu'on aurait
voulu détruire : je ne récuse pas la vérité de

cette maxime, « qu'à côté de l'avantage d'a-
» méliorer, est le danger d'innover. »

Aussi je ne propose point la révision entière de nos Codes criminels (1) : je ne prétends
ni m'élever contre l'esprit despotique, dans
lequel on convient qu'ils ont été conçus ; ni
suivre pied à pied chacun de leurs articles,
pour en signaler minutieusement toutes les
imperfections : je ne veux m'attacher qu'à un
petit nombre de points capitaux, que je regarde comme essentiels ; qui, s'ils étaient une
fois réformés, feraient disparaître de notre
législation criminelle les abus les plus cho-
quans ; la rendraient, sinon parfaite, du moins
plus tolérable, et feraient prendre aux rigueurs
impériales des formes plus appropriées au
régime constitutionnel.

On verra même que, parmi les abus que
je signale, il en est plusieurs qui viennent
moins encore de la loi, que du fait de l'homme ;
l'action du gouvernement doit donc concourir
avec celle du législateur pour que les fonc-

(1) Assez d'autres réclament cette révision intégrale.
Voyez les Discours des pairs et des députés, sur le projet de loi tendant à modifier l'art. 351 du Code d'instr.
criminelle ; notamment celui de M. Bertin de Vaux.

tionnaires n'ajoutent pas à la sévérité des
théories les duretés de la pratique.

Enfin je ne me dissimule pas la péine qu'on
éprouve quelquefois à obtenir les réformes
les plus nécessaires, et je n'ai jamais oublié le
trait suivant de Benoît XIV. Aucun pape, avant
lui, n'avait eu plus de moyens pour raffermir
l'ordre public en opérant les changemens uni-
versellement désirés. Il savait les vérités im-
primées depuis dans la *Riforma d'Italia*. Il
avait été vingt ans avocat, et c'était un grand
jurisconsulte. En arrivant au trône pontifical,
il entendit ce cri d'un réformateur : *Dalla parte
di Dio, l'emendazione di questa città piena
di scelleratezza e d'abominazioni* : mais il dit
avec tant d'autres, *Basta, basta ; sarà l'affare
del Papa che viene.* Et s'il respectait les abus,
c'était, disait-il, *per viver lontano.*

Combien de ministres raisonnent de même!
ils résistent aux améliorations dans la crainte
de déplaire à ceux qui profitent ou qui abu-
sent des mauvaises lois. Ils disent aussi,
*Basta, Basta, sarà l'affare del ministro che
viene ;* et tout cela *per essere ministri più
longo tempo.*

CHAPITRE PREMIER.

De la Justice en général.

————◆————

« Les royaumes, sans bon ordre de justice,
» ne peuvent avoir durée ni fermeté aucune, »
dit Charles VII dans le préambule de son ordonnance de l'an 145

D'ailleurs, « la justice ne fonde pas seule-
» ment la sécurité des peuples, elle fait aussi
» la vérirable gloire des rois (1). » Les princes
sont estimés de la postérité, selon que la justice a été bien ou mal rendue sous leur règne;
et saint Louis est moins renommé pour ses
héroïques expéditions d'outre-mer, que pour
cette impartiale justice qu'il fit asseoir avec lui
sur le trône, et qu'il sut faire respecter par son
exemple et par ses lois.

Une bonne administration de la justice suffit
pour rendre tolérable un gouvernement dont

————

(1) Ordonnance du 18 septembre 1815.

la constitution serait d'ailleurs très-imparfaite.
La plupart des hommes, en effet, ignorent
leurs droits politiques, ou négligent de les
exercer, et les oublient pour ne s'en souvenir
que de loin en loin ; mais il n'en est aucun qui
se montre indifférent sur la liberté de sa personne et la propriété paisible de ses biens.
Quand ces avantages sont fortement garantis
aux citoyens, on les trouve, pendant long-
temps, patiens sur tout le reste.

La plupart des révolutions furent excitées
par des jugemens iniques. Le décemvir Appius
veut adjuger à son affranchi la fille du centu-
rion Virginius, et les légions indignées se sou-
lèvent contre la tyrannie des décemvirs !

Gesler condamne Guillaume Tell à abattre
d'un coup de flèche, à grande distance, une
pomme placée sur la tête de son fils ; et cette
barbarie devient le signal de l'affranchissement
des cantons !

Chez nous, le premier et le plus puissant
effort de la liberté naissante, fut dirigé contre
la Bastille, parce qu'on y détenait les citoyens
sans jugement !

On nous parle de l'indomptable férocité des
Corses ! Mais chez eux, l'ardeur de la vengeance est née de la soif de la justice. Inter-

rogez M. Réalier Dumas, dans son intéressant opuscule sur la Corse (1). « Gènes, dit cet habile magistrat, Gènes, qui avait éprouvé la valeur des Corses, sentit bien qu'elle ne pourrait les dominer s'ils étaient unis. Elle entretint les haines, excita les rivalités, perpétua les divisions; et les crimes se multiplièrent.

» Ses malheureux sujets furent réduits à solliciter, comme une grâce, la punition des assassins : ils ne purent l'obtenir. Le gouverneur qui envoyait aux galères et à la mort *ex informatâ conscientiâ*, pouvait arrêter toutes poursuites avec une simple formule *non procedatur*. Dans l'espace de quatre ans, on compta plus de quatre mille personnes condamnées aux galères, qui toutes obtinrent leur délivrance à prix d'argent. Les Corses étaient à bout. Ils ne pouvaient plus compter sur une justice qu'on s'obstinait à leur refuser; de désespoir, ils se la firent eux-mêmes. Et de-là cette union des familles; de-là, la *vendetta*, qui remplaça l'action des tribunaux; de-là enfin ces guerres, déclarées, soutenues, et terminées

(1) *Mémoires sur la Corse*, par M. Réalier Dumas, ancien conseiller à la Cour royale de Corse, actuellement conseiller à la Cour royale de Riom.

avec toutes les formalités du droit des
gens. »

« Au milieu de toutes ses passions, (dit
encore le même écrivain, page 26,) le Corse
a conservé un profond respect pour la justice;
et ce n'est pas le trait le moins saillant de ce
singulier caractère. — Lorsqu'un homme est
assassiné, sa famille doit venger sa mort. Mais
que l'assassin soit arrêté, elle attend tranquil-
lement la sentence des tribunaux; et, s'il est
condamné, tout est fini. A la vérité, s'il est
absous, la famille se venge; mais n'est-elle
pas, en effet, moins coupable que le juge qui
l'a réduite à se faire justice elle-même ? »

Ce qui est vrai des crimes ordinaires, l'est
également des délits politiques. Si, dans un
pays, la justice paraît n'être exercée qu'au
profit d'un parti contre le parti contraire ; si,
pour les délits du même genre, on déploie
une sévérité inflexible contre l'un, tandis qu'il
y aura indulgence excessive, ou même impunité pour l'autre ; les hommes de l'opinion dé-
favorisée se croiront dans l'oppression; ils se
sentiront intéressés à combattre un ordre de
choses qui les vexe; ils recourront à la *vendetta*
comme les Corses dont la justice n'a pas vengé
l'injure ; et l'esprit de parti fera chez eux ce

que l'esprit de famille produit chez ces in-
sulaires.

Il est si facile d'être juste quand on le veut !
Ne juger que les faits, et non les personnes ;
les actes, et non les opinions ou les pensées ;
poursuivre et punir tout ce qui est contraire à
la loi ; tout ce qui offense les mœurs, tout ce
qui trouble l'ordre public ; par quelque individu, en quelque lieu, en quelque temps, et
dans quelques circonstances que le mal ait été
commis : voilà le premier devoir du magistrat
qui veut qu'on dise de lui : *Il est impartial.*

Le crime est toujours crime ; cette vérité
est triviale ; il faut donc repousser avec énergie le mot *représailles* qui ne reçoit d'application que de nation à nation, entre ennemis ;
et ne peut, sans impiété, servir à pallier de
sanglantes réactions entre concitoyens, entre
frères.

Encore moins faut-il récompenser le crime
dont on viendrait nous demander le salaire,
sous prétexte qu'il aurait été commis envers
notre ennemi !....

CHAPITRE II.

Du Pouvoir judiciaire.

Il n'y a point de liberté, dit le président de Montesquieu, « si *la puissance de juger* » n'est pas séparée de la puissance *législative* » et de *l'exécutive* (1). »

Aussi, sous Louis XIII, lorsque ce monarque voulut être juge dans le procès du duc de Lavalette, le président de Bellièvre dit : « Qu'il voyait dans cette affaire une chose » étrange, un prince opiner au jugement d'un » de ses sujets ; que les rois ne s'étaient ré- » servé que les grâces, et qu'ils renvoyaient » les condamnations à leurs officiers (2). »

En 1787, après l'exil du duc d'Orléans et de deux conseillers au Parlement, cette Compagnie envoya vers le Roi pour réclamer les

---

(1) Esprit des lois, liv. 11, chap. 6.
(2) Mémoires de Montrésor, tome 2, p. 62.

exilés. Le roi refusa, en disant qu'il avait eu de fortes raisons pour les *punir*. Le Parlement répliqua *que le roi n'avait pas le droit de punir, puisqu'il n'avait pas celui de juger;* qu'il n'avait que le plus beau de tous les droits, celui de faire grâce; et il demanda que les exilés fussent mis en jugement (1). »

En 1788, M. d'Entraigues établit dans son *Mémoire sur les États-Généraux*, « qu'un » roi ne peut, *en aucun cas*, exercer le pou- » voir judiciaire;.... qu'il doit veiller au » maintien des lois, *mais non appliquer les* » *décisions de la loi.* »

Cette maxime a été convertie en loi. Le décret du 23 septembre 1789, sanctionné par lettres-patentes de Louis XVI, du 3 novembre suivant, porte, article 19 : « Le pouvoir ju- » diciaire ne pourra, en aucun cas, être exercé » par le roi, ni par le corps législatif; mais » *la justice sera administrée au nom du roi,* » *par les seuls tribunaux établis par la loi,* » suivant les principes de la constitution et » selon les formes déterminées par la loi. »

Le procès de Louis XVI ne fut donc pas seulement d'une souveraine iniquité, en ce

---

(1) Moniteur, tome 1er, pag. 192.

que ce vertueux monarque n'avait pas mérité
la mort; mais ce fut une monstrueuse illégalité, parce que ceux qui se firent ses juges
n'avaient pas le droit de le juger.

D'après la Charte de 1814, il n'est aucun
cas où le roi soit appelé à juger. Ainsi, on
doit répéter aujourd'hui ce que disait M. d'Entraigues en 1788 : « Le roi ne peut en aucun
» cas, exercer le pouvoir judiciaire ; il doit
» veiller au maintien des lois, mais non ap-
» pliquer les décisions de la loi. »

La Chambre des députés peut accuser les
ministres; mais elle ne peut pas les juger.
Quant aux simples citoyens, elle ne peut ni
les accuser, ni les juger en aucun cas.

La Chambre des pairs peut juger : 1° ses
propres membres ; 2° les ministres ; 3° les
simples citoyens, dans les cas exprimés par la
Charte.

Mais, hors ces cas, elle ne peut ni juger, ni
concourir à un jugement. Autrement, ce
serait de sa part un excès de pouvoir, un abus
d'autorité.

Il est donc bien important de définir avec
soin et avant tout, la compétence de la cour
des pairs. Car sa juridiction est toute d'exception ; et la nature propre des exceptions

est de ne pouvoir s'étendre ni d'une personne à une autre, ni d'un cas donné à un cas diffé-rent.

Or, qu'il nous soit permis de rappeler que cette compétence est cependant abandonnée à un vague effrayant.

1°. En ce qui touche les ministres, l'art. 55 de la Charte dit qu'ils ne peuvent être accusés que pour fait de *trahison* ou de *concussion* (1). « Des lois particulières (ajoute cet article) » spécifieront *cette nature de délits* et en dé-» termineront la *poursuite.* »

Eh bien ! ces lois particulières sont encore à porter ; en telle sorte qu'ici, et la forme et le fond, et la nature des délits qui pourront motiver l'accusation, et la manière dont elle devra être poursuivie, tout est à régler.

2°. « La Chambre des pairs (dit l'article 33) » connaît des crimes de haute trahison et des

---

(1) Pour faire une bonne loi sur la responsabilité des ministres, il semble qu'il suffirait de traduire ces deux beaux vers de l'Enéide :

Vendidit hic auro patriam, Dominumque potentem Imposuit ; fixitque leges pretio atque refixit.

On pourrait leur dire ensuite, par forme d'instruction :

Discite justitiam moniti, et non temnere Chartam.

» attentats à la sûreté de l'État, *qui sont dé-*
» *finis par la loi.* ».

Mais ici nouvelle difficulté. Quels sont ces
crimes? quelle est la loi dont l'article 33 a
voulu parler? est-ce la loi existante? est-ce
une loi nouvelle à porter?

C'est la loi existante, disent les uns, car
l'article 33 parle au présent. Dans ce cas, dé-
férez donc indistinctement à la Cour des pairs
tous les crimes que la loi actuelle définit crimes de haute trahison ; car si la Cour des pairs
est appelée à en connaître, les autres tribunaux restent sans pouvoir pour les juger.

Mais, disent les autres, cela est impossible ;
la Cour des pairs peut bien juger des hauts-
crimes de haute-trahison ; mais non de tous
les crimes auxquels le Code pénal ordinaire
imprime cette dernière qualification. Sans
cela, elle sera à tout instant appelée à juger
les individus les plus ignobles, les faits les
plus obscurs, les actes les plus insignifians.
Elle ne ferait que juger, et ses arrêts, trop
multipliés, perdraient bientôt de la solennité
et du caractère surimposant qu'on a voulu leur
attribuer.

De-là la division entre ceux qui voudraient
que la compétence de la Cour des pairs fût

réglée en raison *de la qualité des personnes*, et ceux qui voudraient qu'elle fût déterminée *par la qualité des faits*; de-là le conflit entre les Cours royales, qui, se fondant sur l'art. 33 de la Charte, ont cru devoir renvoyer certaines affaires à la Cour des pairs; et la Cour de cassation qui, au contraire, a pensé que cet article n'empêchait pas tout-à-fait les Cours royales d'en connaître aussi; de-là l'opinion de quelques-uns qui pensent que la Cour des pairs ne peut être saisie que par ordonnance du roi, ce qui rendrait sa compétence tout-à-fait accidentelle; et d'autres, qui ont la prétention de penser que la Cour des pairs doit régler elle-même sa propre compétence; de-là enfin l'arbitraire avoué à la tribune même de la Chambre des pairs par plusieurs de ses membres (1), qui ont fait sentir la nécessité d'une loi pour régler tout à la fois,

1°. Son organisation intérieure en Cour de justice;

2°. Sa compétence;

3°. Et la procédure à suivre devant elle:

_____

(1) Voyez principalement l'Opinion de M. le prince de Talleyrand.

car, ici encore, la forme n'est pas mieux dé-
finie que le fond.

Cependant l'art. 4 de la Charte stipule comme
première garantie de la liberté individuelle,
que « personne ne peut être arrêté ni pour-
» suivi que dans les *cas prévus* par la loi, et
» dans la *forme* qu'elle prescrit. »

Il faut donc, de toute nécessité, *une loi* qui
détermine ces *cas* et qui trace ces *formes* avec
précision.

Il y a plus de cinq ans que je l'ai dit et imprimé dans une affaire dont le souvenir tristement solennel restera éternellement gravé
dans ma mémoire. « Si l'on portait, disais-je,
une loi générale, soit pour l'exécution de
l'article 55 de la Charte, soit pour la mise
en action des articles 33 et 34, MM. les ministres et MM. les pairs, songeant que cette
loi ferait la règle des accusations dont quelque jour ils pourraient être l'objet, donne-
raient à la procédure qu'il s'agirait d'établir,
assez de développement pour être sûrs qu'ils
ne pourraient être jugés qu'après *un long
examen*, et qu'ils auraient tous les moyens
possibles de se défendre (1).

_____

(1) Mémoire intitulé : *Question préjudicielle pour
M. le maréchal Ney.*

2

» En discutant cette loi, ils se rappelle-
raient l'histoire du chancelier Poyet. Ayant
été transféré de la Bastille à la Conciergerie,
son procès fut instruit de la manière prescrite
par l'ordonnance de 1539, *ouvrage de Poyet
lui-même*, et dans laquelle était cette disposition : « L'accusé sera interpellé par le juge
» de fournir *sur-le-champ* ses reproches contre
» le témoin, si aucuns il a, et averti *qu'il n'y*
» *sera plus reçu après avoir entendu la lecture*
» *de sa déposition.* » Or, quand on vint à la
confrontation, Poyet, étourdi de la foule des
dépositions à charge contre lui, de la part de
témoins *inconnus*, demanda *quelque temps*
pour se mettre à portée de fournir des reproches, oubliant que lui-même s'était privé
de cette ressource par l'article 54 de l'ordonnance de 1539. Le juge instructeur lui dit :
Patere legem quam ipse tuleris, Souffre la loi
que toi-même as faite (1). »

_____

(1) Pour plaire à la cour de Rome, Poyet, en cela
digne émule du chancelier Duprat, avait cherché à
introduire dans l'ordonnance de 1539 les formes de
l'Inquisition qui sont, sur tout, ennemies de la
publicité. Il avait ainsi détruit l'ancienne manière
française de procéder. Le Parlement avait résisté de
tout son pouvoir à cette innovation, et cela explique

Poyet fut condamné.

Et remarquez que, dans cette circonstance, si la loi était mauvaise, du moins il y avait une loi : *Dura lex, sed lex*. Le juge était donc excusable de la suivre ; et Poyet, moins que tout autre, avait le droit de s'en plaindre, puisqu'il en était le détestable auteur : au lieu qu'ici, on ne peut trop le répéter, il n'y a pas de loi : il n'y a que de l'arbitraire, adouci, je le veux, par le caractère personnel des hommes qui en usent ; mais enfin *c'est de l'arbitraire*, de l'arbitraire en matière criminelle, c'est-à-dire là où il est plus dangereux et plus intolérable que partout ailleurs (1).

Un autre caractère du *pouvoir judiciaire*,

---

la dureté de la réponse que lui fit le conseiller rapporteur. Dumoulin, en parlant de cette législation due à Poyet, s'écrie, avec son énergie accoutumée : *Vide tyrannicam istius impii Poyeti opinionem ! vide duritiam iniquissimam per quam etiam defensio aufertur ! Sed nunc, judicio Dei justo,* REDUNDAT IN AUCTOREM ; *quia major pars judicum voluit hanc servare constitutionem hoc mense octobri* 1544. *Sed est perniciosissima consequentia.* (MOLINOEUS, *tom.* 2, *Operum, pag.* 792 *et* 793.)

(1) Dans l'opinion même de ceux qui parlent de l'*omnipotence* de la Cour des pairs, il faudrait au moins qu'une loi eût décidé que les formes à suivre

est de ne pouvoir être exercé dignement et à la satisfaction des peuples, que par des *tribunaux ordinaires*, fixes et permanens, et non pas par des *juges d'exception*.

Il existe là-dessus un texte remarquable de Me Charles Dumoulin, dans son *Stylus Parlamenti.*

Ce jurisconsulte faisant l'éloge des Parlemens, bien loin d'établir une solidarité qui eût paru offensante entre ces *Cours souveraines* et les *Tribunaux d'exception*, croit ne pouvoir mieux louer ces Cours qu'en rappelant que, dans l'origine de la monarchie, nos rois s'étaient engagés envers le peuple à lui faire rendre bonne et loyale justice par des tribunaux fixes et permanens, afin qu'il pût vivre en sûreté sous la protection d'une *Cour réglée;* qu'il pût prendre plus de confiance aux juges qu'il aurait habituellement sous ses yeux, et qu'il fût à couvert des dangers qu'il courrait avec des commissaires et autres juges d'exception, qui sont, dit-il, les plus dangereux de tous (1).

---

devant cette Cour seraient à la volonté de MM. les Pairs. Jusque-là cette omnipotence, fût-elle de fait, n'est certainement pas de droit.

(1) Per viam contractûs, icto fœdere, erecta sunt et

Aussi la Charte dit-elle, article 63 : « Il ne
» pourra être créé de *commissions* et *tribu-*
» *naux extraordinaires.* »

Il est vrai que le même article ajoute :
« Ne sont pas comprises sous cette dénomi-
» nation les *juridictions prévotales*, si leur ré-
» tablissement est jugé nécessaire. » Mais
l'essai malheureux qu'on a fait de ces juridictions exceptionnelles en 1816, les tristes souvenirs qu'elles ont laissés, la joie qui a suivi
leur suppression, sont de sûrs garans qu'un
gouvernement éclairé n'usera jamais du droit
de les rétablir au préjudice des tribunaux ordinaires, dont le zèle d'ailleurs est certes bien
suffisant.

Dans ces derniers temps, M. Guizot a publié
un ouvrage remarquable où il exprime un sentiment dont toutes les ames étaient pénétrées.

.... « C'est surtout dans les temps de fer-
mentation politique, dit-il, que la justice doit

---

certis sedibus fixa Parlamenta; ut subditi *sub certâ*
ordinariâ juridictione securiùs vivant ; *sub confidentiâ*
sincerioris justitiæ ; tueanturque ab injuriis et peri-
culis ignotorum judicum, *et extraordinariarum quas*
vocant Commissionum, QUÆ PERICULOSISSIMÆ SUNT. (Stylus Parlamenti, *part.* 3, *tit.* 1, §6.)

se montrer plus difficile et plus attentive. La tentation de l'envahir est si forte et le péril si grand ! Quand la guerre est entre les partis, les partis travaillent à porter partout la guerre; ils souffrent avec peine que la paix demeure quelque part, que tout ne leur soit pas appui ou instrument. Que deviendra la société, si elle leur ouvre toutes ses institutions, leur livre toutes ses garanties? »

.... « Je veux parler, dit-il ensuite, je veux parler *de la justice près de tomber sous le joug de la politique*. »

L'auteur fait sentir avec habileté les nuances qui séparent le domaine de la politique de celui de la justice.

« La justice doit s'occuper uniquement de ce qui est de son ressort... Il ne faut pas qu'on la fasse intervenir trop souvent, ni qu'on lui donne trop à faire.

» Le pouvoir judiciaire est lié par des lois qui définissent des actes. Il constate ces actes et leur applique ces lois. Il ne statue que sur des faits isolés et prévus. Il ne doit ni créer de nouveaux faits légaux, c'est-à-dire des lois nouvelles, ni assimiler aux faits légalement définis des faits individuels qui n'y rentrent point....

» Ces extensions du pouvoir judiciaire sont toujours le signe d'un mauvais gouvernement.

» Que fera, dit toujours M. Guizot, que fera ce gouvernement qui voit la société mal administrée s'agiter sous sa main ? Inhabile à la gouverner, il entreprendra de la punir. Il n'a pas su s'acquitter de ses fonctions, user de sa force ; il demandera à d'autres pouvoirs de remplir une tâche qui n'est pas la leur, de lui prêter leur force pour un emploi auquel elle n'est pas destinée.....

» Alors abonderont les procès où le gouvernement est intéressé ; alors on verra les lois pénales recevoir une extension non-seulement contraire à leurs termes, mais hors de la portée qu'elles peuvent atteindre.

» Ceci, poursuit M. Guizot, n'est point une théorie ! les faits parlent et n'ont cessé de parler. Partout où la politique a été fausse, incapable, mauvaise, la justice a été sommée d'agir à sa place, de se régler par des motifs puisés dans la sphère du gouvernement et non dans les lois, de quitter enfin son siége sublime pour descendre dans l'arène des partis...

Entre la politique et la justice toute intelligence est corruptrice, tout contact est pestilentiel...

CHAPITRE III.

Nécessité d'observer les Formes.

J'ai déjà cité ces termes du décret du 23 septembre 1789, « la justice sera administrée » selon les formes déterminées *par la loi ; »* et l'article 4 de la Charte, dont le vœu est également que « personne ne puisse être arrêté » ni poursuivi que dans les cas prévus *par la* » *loi*, et dans la forme qu'*elle* prescrit. »

Telle est, en effet, l'importance des formes judiciaires, qu'elles sont toutes de rigueur ; qu'aucune ne peut être omise, ni suppléée ; et que tout, en cette partie, doit être *réglé par la loi.* C'est là surtout que la meilleure loi est celle qui laisse le moins à l'arbitraire du juge ; de même que le meilleur juge est celui qui s'en permet le moins.

L'avantage des formes, et la nécessité de tenir rigoureusement à leur observation, ne sont pas généralement assez sentis. Cependant, « c'est

par la procédure que les lois communiquent
leurs secours aux opprimés qui les réclament;
sauvegarde de nos propriétés, de notre vie, de
notre honneur, de notre liberté, c'est elle qui
les garantit des attentats de l'homme de mauvaise foi; c'est par elle que le dernier de
l'État obtient justice, même contre le Souve-
rain, lorsque, contre son intention, ceux qui
soutiennent ses droits, les étendent trop loin;
c'est par elle, en un mot, que l'on oppose au
despotisme une barrière qui l'empêche de
renverser l'empire des lois (1).

« Si vous examinez, dit Montesquieu (2),
les formalités de la justice par rapport à la
peine qu'a un citoyen à se faire rendre son
bien; vous en trouverez sans doute trop : si
vous les regardez dans le rapport qu'elles ont
avec la liberté et la sûreté des citoyens, vous
en trouverez souvent trop peu, et vous verrez
que les peines, les dépenses, les longueurs, les
dangers mêmes de la justice, sont le prix que
chaque citoyen donne pour sa liberté....

» On entend dire sans cesse qu'il faudrait

---

(1) Pigeau, Discours sur l'Étude de la procédure,
p. XXVIII.

(2) Livre 6, chap. 2.

que la justice fût rendue comme en Tur-
quie (1); il n'y aura donc que les plus ignorans

---

(1) Dans le supplément du Journal des Débats du
26 mai 1821, on lit que le patriarche grec (qui, par
parenthèse, est le pape de la Russie aussi bien que de la
Grèce) a été pendu aux portes de son église le jour même
de Pâques. On ne dit pas qu'il était convaincu d'un
crime, ni qu'il ait été jugé ; on voit seulement que la
Porte *prétendait* que le patriarche était d'intelligence
avec les révoltés (qu'il avait cependant eu la complaisance d'excommunier peu de temps auparavant). Six
autres ecclésiastiques, ajoute-t-on, ont partagé le sort
de leur chef ; « ils sont *accusés*, sur les tables placées
près de leurs cadavres, d'avoir pris part aux conspirations. » Voilà ce qui s'appelle agir *sans forme ni figure
de procès!* voilà la justice turque! On commence par exécuter les gens, on dit ensuite de quoi ils étaient *accusés!*

On peut encore s'en faire une idée par cet autre
exemple que je prends dans la proclamation du grand-
seigneur, au sujet des troubles actuels de la Morée. Il assi-
gne pour cause à ces troubles le relâchement des Turcs,
leur dégénération des mœurs de leurs ancêtres, et surtout
la paresse des employés qui négligent les affaires et se
rendent trop tard à leurs bureaux ; si cela arrive encore, dit Sa Hautesse , *je ne vous avertirai plus, mais je
vous livrerai sans pitié au fer des bourreaux.* » — Oh!
Allah!

Dirons-nous à présent avec le bon Lafontaine :

Plût à Dieu, qu'on réglât ainsi tous les procès!
Que des Turcs en cela l'on suivît la méthode !

de tous les peuples qui auront vu clair dans la chose du monde qu'il importe le plus aux hommes de savoir. »

Montesquieu rappelle la manière expéditive dont les bachas terminent les procès ; puis aussitôt, il ajoute : « Mais dans les États modérés, où la tête du moindre citoyen est considérable, on ne lui ôte son honneur et ses biens qu'après un long examen..... »

« Aussi, lorsqu'un homme se rend plus absolu, songe-t-il d'abord à simplifier les lois ; on commence, dans cet état, à être plus frappé des inconvéniens particuliers que de la liberté des sujets, dont on ne se soucie point du tout. »

Montesquieu cite *César*, *Cromwel et tant d'autres !* Il faut y joindre spécialement Napoléon.

Cette importance des formes en matière criminelle, se fait surtout sentir dans les accusations pour crimes ou délits politiques. « La chaleur, l'indignation, la colère y étant encore, poussent non-seulement les parties, mais les témoins, mais les juges, mais l'auditoire. Toutes choses avecques le temps passent bien plus humainement qu'à la chaude (1). »

_____

(1) Ayrault, *liv.* 2, *n.* 61.

« 'Et quand il n'y aurait que ce que dit Platon (en son XIe livre *Des lois*), que traiter les choses en jugement et avec connaissance de cause, fait qu'il ne se trouve homme si dur et si inhumain qui ne se mitige et adoucisse plus qu'il n'était; nous ne devrions jamais vouloir le faire ni le pratiquer autrement (1). »

D'ailleurs, en quoi la justice diffère-t-elle de la violence, si ce n'est par l'observation scrupuleuse des formes et des solennités prescrites par les lois?

Le devoir du juge est donc de veiller avec soin à l'observation de toutes les formes : ce qui emporte de sa part la double obligation de faire tout ce que la loi prescrit, et de ne rien faire au-delà.

Ajoutons même que cette religieuse observation des formalités légales n'est pas seulement dans l'intérêt des accusés, elle est aussi dans l'intérêt de la justice, puisqu'il n'y a pas de meilleur moyen de fixer l'opinion publique en faveur d'un jugement.

Quand le fait est réellement qualifié crime par la loi, qu'il est clairement prouvé, que les accusés en sont pleinement convaincus ; que

---

(1) Ayrault, *liv.* 1, *n.* 13.

leur défense a été épuisée ; que la compétence de leurs juges ne peut pas être révoquée en doute : c'est alors que la punition est efficace ; parce que le peuple, convaincu lui-même de la culpabilité des condamnés, unit ses exécrations à la sentence des juges. Mais, au contraire, si l'on s'est contenté de présomptions vagues, d'indices peu certains, de conjectures hasardées ; si l'on a négligé quelques formes ; si l'accusé n'a pas été traduit devant ses juges naturels; si son défenseur a été interrompu, brusqué, *rabroué* : l'effet est manqué, et le même peuple, passant subitement de la colère à la commisération, cesse d'applaudir à la mort des coupables, pour plaindre le sort de ceux qu'il répute innocens par cela seul qu'ils n'ont pas été condamnés avec toutes les formes légales.

On doit même convenir que cette manière de juger du peuple, est fondée sur l'expérience. Qu'on se reporte aux condamnations dont les auteurs et les historiens nous ont conservé la mémoire, comme rendus sans formes, ou contre les formes établies. On verra que toutes sont des monumens de tyrannie et d'iniquité. Pourquoi, en effet, veut-on s'affranchir des formes ordinaires? est-ce pour

assurer la punition d'un crime réel? — Nullement. Loin de nuire, en pareil cas, à l'action
de la justice, les formes contribuent à l'assurer.
C'est donc pour opprimer un innocent, pour
consommer un acte de violence, qu'on se dis-
pense d'observer les lois! En suivant ce qu'elles
prescrivent, on désespère d'obtenir la vengeance qu'on poursuit; et, comme on veut
par-dessus tout satisfaire sa passion, on foule
aux pieds toutes les règles. Voilà l'explication
de tant de coups d'État dans l'histoire de l'ordre
judiciaire.

Cependant, que les juges eux-mêmes dai-
gnent y faire attention. Les mauvais jugemens
passent à la postérité plus sûrement encore
que les bons; ils y passent avec les noms de
ceux qui ont eu la scélératesse ou la pusillani-
mité de s'y prêter; l'infamie les attend après
leur mort, et quelquefois même une réaction
peut les atteindre de leur vivant.

Les *Votans* ont été bannis; le testament
de Louis XVI, la Charte même, n'ont pu les
protéger contre l'opinion qui les poursuivait.

Les juges des *Tribunaux révolutionnaires*
sont restés en horreur : le monde, à cet égard,
n'admet aucune justification; il suffit qu'on en
ait fait partie : vous siégiez avec eux.

Le souvenir des *Prévôts* est odieux. François Ier jura sur le tombeau de Montaigu qu'il ne ferait plus juger personne par *Commissaires.*

Laubardemont, Jefferies, Fouquier-Tinville, et d'autres encore, sont demeurés en exécration. Leurs noms expriment en bref tout ce que peuvent la bassesse, la férocité, le faux zèle, une lâche complaisance, un servile dévouement.

Mais que dis-je ? Au lieu de citer ces monstres, faisons voir qu'un homme de bien lui-même, de quelque bonne intention qu'il ait été animé, ne peut échapper au blâme, si, même pour servir une cause juste, il a employé des moyens qui ne l'étaient pas.

Cicéron n'était pas seulement un grand orateur, il fut un excellent citoyen, dévoué aux intérêts de sa patrie qu'il sauva des fureurs de Catilina. Rappelons ce qui se passa dans cette occasion mémorable.

Il avait pris, pour règle de sa conduite, cette tradition, que, dans les crises alarmantes, de simples particuliers, de leur autorité privée, avaient fait mourir des citoyens redoutables ; *privati perniciosos cives morte mulctârunt.* (Catilin. I, 11.)

Il s'était fait donner un sénatus-consulte (une loi d'exception), qui l'autorisait à employer, comme les Dictateurs, toutes sortes de moyens pour le salut de la République. Il avait érigé en maxime que tout romain révolté perdait les droits de citoyen. *Qui à republicâ defuerunt, nunquàm civium jura tenuerunt.*

Avec ces précautions, après avoir secrètement interrogé, confronté, convaincu, condamné, fait étrangler en prison (et avoir ainsi privé les accusés de la publicité du jugement, et de la liberté de la défense), il en avait rendu un compte pompeux au Sénat et au Peuple, qui l'avaient remercié, en le saluant du nom de Père de la patrie, et lui avaient ainsi accordé une sorte de *bill d'indemnité.* Mais, quand il ne fut plus Consul, quand le danger fut oublié, quand Clodius voulut se venger, il proposa et fit passer cette loi : « Que celui qui aurait fait mourir un citoyen sans les formes ordinaires de la justice, serait interdit de l'eau et du feu : » *qui civem romanum* INDEMNATUM *percussisset, ei aquâ et igne interdicatur.* (VELL. PATERC. II, 45.) —Cicéron, pour échapper à l'accusation, s'exila lui-même.

Tant il est vrai que l'exacte observation des formes légales est la plus sûre garantie pour les accusés, pour les juges, et pour la société toute entière!

On ne saurait trop insister sur cette vérité :

Le premier caractère de la procédure criminelle est d'être fixe, d'être réglée d'avance par la loi, et de ne point dépendre du caprice de l'homme.

Aussi, à Rome, les préteurs avaient bien le droit de porter, au moment de leur entrée en charge, un édit pour régler la manière dont ils jugeraient les causes civiles pendant l'année que devait durer leur magistrature : mais il n'en était pas de même en matière criminelle. Toutes les actions de ce genre étaient *légitimes;* elles se réglaient par la loi, et non par les édits ; *lege, non edicto.*

Dans les monarchies tempérées, le prince même n'aurait pas le droit de changer arbitrairement, à l'occasion d'un procès, la forme légale des poursuites criminelles : et s'il le faisait parce que de mauvais ministres lui auraient persuadé qu'il le pouvait faire, le devoir des juges serait de n'y point obtempérer

3

et de s'en tenir aux lois (1). Car (ainsi que l'observe Ayrault), « il est très-périlleux et » d'une conséquence trop pernicieuse, de » donner ouverture au prince à mettre la » main au sang contre les lois et formalités » ordinaires. Il s'en dispenserait après trop » aisément. » (page 145.)

C'est assez qu'il puisse faire grâce, et que, par un heureux combat où la volonté souveraine l'emporte sur la rigueur des jugemens, le monarque au nom de qui une peine sévère a été prononcée, ait le droit d'en faire remise au condamné (2). Mais nuire, mais juger à mort, mais changer arbitrairement les formes reçues, et rendre à ce moyen la condamnation plus aisée ou la défense moins facile! C'est chose à laquelle un prince ne doit pas songer.

Réciproquement, les gouverneurs et commandans militaires, les magistrats, et généra-

---

(1) Charles V, dit le Sage, en fait une recommandation expresse à son Parlement, dans l'ordonnance du 22 juillet 1370. Voyez notre ouvrage intitulé *Lois des Lois*, première partie, p. xxiij et xxiv.

(2) Felix querela est; cùm leges pietate superantur; cùm dominus adversus sua judicia, amabili concertatione dissentit. (*Cassiodore.*)

lement tous les fonctionnaires quelque émi-
nens qu'ils soient en pouvoir ou en dignité,
qui sont appelés à juger et à punir, ne le
peuvent qu'avec les formalités prescrites par
la loi, sans pouvoir y rien ajouter ni retrancher.

Autrefois même, quand les cours souveraines, en prononçant la peine des galères ou
du bannissement, ajoutaient que si le condamné
rentrait dans le royaume, *il serait pendu et
étranglé* SANS AUTRE FORME NE FIGURE DE PRO-
CÈS (1); personne ne s'avisait, le cas arrivant,
d'attacher immédiatement l'homme au gibet;
mais alors, de même qu'aujourd'hui, il fallait
procéder judiciairement à la reconnaissance de
son identité.

---

(1) Je ne connais qu'un cas où il semble permis de
punir *sans forme ne figure de procès;* c'est lorsqu'un
officier de ronde trouve une sentinelle endormie aux
avant-postes; il peut, dit-on, lui passer son épée au
travers du corps. Cette jurisprudence est déjà ancienne.
Iphicrates et Épaminondas, faisant, de nuit, la visite
de leur camp, tuèrent quelques gardes qu'ils trouvèrent
endormis. Et, comme cette exécution fut blâmée par
quelques-uns (ce qui semblerait dénoter que la connaissance de cause y était requise), Iphicrates se dé-
livra de leurs murmures en répondant, *je les ai laissés
tels qu'ils étaient.*

3*

Il en faut dire autant des arrêtés et proclamations par lesquels on mettrait des *têtes à
prix ;* d'autres dans lesquels il serait dit, en
parlant d'un individu, qu'il est permis à chacun
de lui *courir sus* et de le tuer (1).

De telles mesures s'expliquent quelquefois
par l'ardeur des circonstances; mais elles ne
se justifient pas.

---

(1) Parmi les pièces officielles publiées dans les journaux depuis l'entrée des Autrichiens à Naples, se trouve
celle-ci :

« *Direction générale de la Police.*

» L'ex-général Guillaume Pépé s'étant notoirement
» rendu coupable de haute-trahison dans les opérations
» qu'il a faites dans les États de S. M., on fait connaître
» au public que s'il retourne dans quelque partie des
» susdits États, *il sera mis à mort.* »

Ainsi ce n'est pas *la justice*, c'est *la police* qui le condamne à mort !

Cela ressemble merveilleusement à cette consigne
qu'on lit affichée dans nos jardins publics : « Les per-
» sonnes qui amènent avec elles des chiens, doivent les
» tenir en laisse : autrement on les prévient qu'*ils se-
» ront abattus.* »

Puisque le général Pépé s'était *notoirement rendu
coupable de haute-trahison*, il fallait lui faire son procès, et le faire juger dans les formes ; non par les *Autrichiens* qui n'exercent à Naples qu'une PUISSANCE DE
FAIT ; mais par un tribunal composé de *Juges napoli-*

Impossible d'admettre que tous les citoyens d'un État puissent être transformés en bourreaux. Arrêtez le coupable, dénoncez-le à la justice ; mais lui courir sus, mais le tuer, comme une bête fauve, mais le décapiter,

Et sa tête à la main demander son salaire,

il n'est pas moral de le proposer, il serait atroce de l'exécuter.

Tenons donc invariablement à cette règle, que *tout procès criminel ne peut être valablement instruit et jugé, qu'en observant scrupuleusement toutes les formalités exigées par les lois.* Autrement ce ne serait pas justice, mais, comme nous l'avons déjà dit, violence et tyrannie.

---

tains ; car, à Naples aussi, toute justice ne peut émaner que du roi ; tout le reste serait violence, et constituerait une usurpation manifeste sur le gouvernement *légitime*, qui, d'après les déclarations de Laybach, réside exclusivement dans le pouvoir *royal.*

CHAPITRE IV.

Des principaux Vices de l'Instruction criminelle.

§ I.

Observations générales sur l'Instruction.

« L'INSTRUCTION, c'est l'ame du procès, » dit mon vieux criminaliste (1). Elle a pour objet de rassembler les preuves de la culpabilité ou de l'innocence de l'accusé : car elle doit se faire à charge et à décharge ; elle n'a pour but que la recherche et la manifestation de la vérité.

Il existe un beau tableau de l'École française (2), qui représente la Justice poursuivant le Crime. Son bras est armé du glaive vengeur ; la Vérité marche devant elle un

(1) AYRAULT, pag. 5.

(2) Ce tableau est de Prudhon.

flambeau à la main. Ce tableau est maintenant
dans la galerie du Luxembourg; auparavant,
il était placé dans la salle d'audience de la
Cour d'assises.

En 1812, je plaidais devant cette Cour
pour Saget impliqué dans l'affaire de Michel
et autres employés du bureau de la guerre,
accusés d'avoir entretenu des intelligences
criminelles avec les agens d'une puissance
étrangère.

Il n'y avait pas de preuves positives contre
mon client : mais M. le procureur-général
prétendait qu'il y avait des présomptions suffi-
santes pour le condamner : il y allait de la
peine capitale.

C'était la première affaire criminelle que je
plaidais. Je n'avais encore discuté que le fait ;
et j'en avais inféré que la culpabilité de mon
client n'étant rien moins qu'établie, il devait
être acquitté; lorsque mes yeux se reportant
à cet instant sur le tableau dont j'ai parlé, il fit
sur moi une impression si vive, que j'essayai
de la communiquer aux jurés.

« .... Arrêtez, leur dis-je, arrêtez, je vous
prie, vos regards sur ce tableau; vous y trouverez la règle de tous les jugemens. La justice
y poursuit le crime à travers les ombres de la

nuit; mais son glaive ne marche qu'après son
flambeau. Voyez comme la vérité la précède
et l'éclaire, comme elle discute les ténèbres,
comme elle réunit tous les indices !... J'aperçois un cadavre, une blessure, un scélérat, un
poignard.... Cependant la justice hésite encore ;
ce n'est qu'au grand jour et quand le soleil
aura répandu sur le crime ses immortelles
clartés, qu'elle condamnera, qu'elle frappera....

» O vous donc, Messieurs, qui êtes la justice même, suivez la marche qui vous est
tracée. Votre flambeau, c'est l'instruction.
Considérez quel jour les débats ont pu jeter
sur l'accusation. La loi (quel bonheur pour
les accusés !) la loi s'en rapporte à vos cons-
ciences. Mais comment s'affermit la conviction d'un honnête homme, quand le résultat
de ses hésitations doit procurer la mort à son
semblable ? Sa conscience alors exige-t-elle
des preuves, ou simplement des conjectures,
des indices, des présomptions ?....

» Consultez donc avec vous-mêmes, et
puis jugez. S'il vous est démontré que Saget
est le complice de Michel, prononcez et que
la justice frappe..... Mais que son glaive reste

en arrière si rien ne vous est démontré (1). »

L'instruction est régulière, quand elle est conforme à la loi; elle est vicieuse, lorsqu'on n'y a pas observé toutes les formalités prescrites par le législateur. Ces formes sont bonnes, quand elles assurent la vindicte publique, sans nuire au développement de la défense et à la justification des accusés; elles sont essentiellement mauvaises, si le législateur a négligé ce dernier but pour n'atteindre que le premier.

Les formes, quelles qu'elles soient, doivent être réglées d'avance, puisqu'il est de l'essence des lois de n'être point rétroactives; et ce serait une monstruosité que de voir créer et instituer des formes nouvelles dans le cours d'une accusation. *Ne in medio litis fiant sacræ formæ.* « C'est circonvenir l'accusé, dit Ayrault, » que d'agir contre lui *novo et inusitato jure.* » (pag. 161.)

_____

(1) Voyez le procès de Michel et autres, recueilli par Breton, sténographe, et imprimé par Didot l'aîné, en 1812; in-8°. — Saget fut acquitté sur la question principale.

§ 2.

Violation de domicile.

Le domicile d'un citoyen est un asile où il n'est pas permis de s'introduire par violence.

La loi anglaise défend à tout officier militaire, sous peine de 500 francs d'amende, d'entrer de force dans aucun domicile sans l'ordre écrit d'un juge de paix, qui, lui-même, ne peut donner cet ordre que pour des cas expressément indiqués. L'un des axiômes de la liberté britannique, est que *la forteresse d'un Anglais, c'est sa maison* (1).

La loi romaine allait plus loin ; elle ne permettait pas qu'un citoyen pût être arraché de sa maison : *Nemo de domo suâ extrahi debet.* Loi 103. ff. de reg. jur.

Les jurisconsultes de ce grand peuple avaient donc raison de dire qu'à Rome, la maison de chaque citoyen était son refuge et son asile le plus sûr. *Domus tutissimum cuique refugium atque receptaculum.* Loi 18. ff. de in jus vocando.

Nous avons aussi de belles lois sur le même sujet.

(1) *The house of an english man, his castle.*

La constitution de l'an 8, dont l'article 75 est encore journellement invoqué par le Gouvernement royal, renferme un autre article que les citoyens, je pense, ont bien le droit d'invoquer aussi : c'est l'article 76. Il est ainsi conçu : « La maison de toute personne habitant le territoire français, est un *asile inviolable*. Pendant la nuit, nul n'a le droit d'y entrer que dans le cas d'incendie, d'inondation ou de réclamation venant de l'intérieur de la maison. Pendant le jour, on peut y entrer pour un objet spécial déterminé ou par une loi, ou par un ordre émané de l'autorité publique. »

Voilà bien la défense ; mais elle manque de sanction. Point de peine pour réprimer les violations de domicile : car je ne puis appeler du nom de peine, tant elle est disproportionnée avec l'infraction, l'amende de 16 francs prononcée par l'article 184 du Code pénal de 1810, contre tout juge, tout procureur-général ou du Roi, tout substitut, tout administrateur ou tout autre officier de police ou de justice qui se sera introduit dans le domicile d'un citoyen *hors les cas prévus par la loi, et sans les formalités qu'elle a prescrites.*

Ajoutez à cela que pour pouvoir même se

plaindre de cette violation, il faut, au préalable, obtenir l'autorisation du Conseil d'État, qui ne l'accorde pour ainsi dire jamais. Ainsi, vous voyez que, de ce côté, les garanties manquent tout-à-fait.

De-là, cette fréquence des invasions de domicile, dont on a eu tant à se plaindre sous le gouvernement impérial, et même depuis. Un agent de police entre à l'improviste dans une maison ; on en consigne les habitans ; on enlève le maître ; quelquefois même, sans l'enlever, on lui prend tous ses papiers ; manuscrits, secrets de famille, papiers d'affaires (1), tout est transporté hors du domicile, jusqu'à ce que d'autres agens aient lu, parcouru, scruté, examiné, commenté et décidé s'il y a des doctrines, des pensées ou des opinions criminelles ou douteuses, qui puissent, à l'aide de quelque interprétation, autoriser des poursuites con-

---

(1) Dans la loi 3 au Code Théodosien *de exhibendis reis*, les empereurs Gratien, Valentinien et Théodose veulent qu'on accorde à tout prévenu contre lequel un mandat d'arrêt est lancé, un délai de trente jours, pour arranger ses affaires et consoler ses pénates affligés; *eique qui deducendus erit, ad disponendas res suas, componendosque mœstos penates, spatium coram loci judice, aut etiam magistratibus, dierum xxx tribuatur.*

tre le suspect ou contre ceux qui ont corres-
pondu avec lui.

« Mais quoi ! dirons-nous avec Ayrault,
n'est-ce pas chose dure et très-dangereuse,
que telle licence d'entrer ainsi et fouiller ès
maisons ? Outre cela, est-il raisonnable que
l'accusateur s'instruise et équipe des armes
propres de son adversaire ? (page 427.) »

Qu'il y a loin de cette pétulance de nos
agens de police à la discrétion dont usaient les
anciens ! Plutarque nous en a conservé un
exemple bien remarquable. Les Athéniens
ayant ordonné qu'on visitât toutes les maisons
de la ville pour voir si l'on y trouverait l'or ou
l'argent d'Harpale, ils ne voulurent pas qu'on
entrât ni que l'on fouillât dans la maison d'un
nouveau marié. Chez nous, les agens de police et les gendarmes eussent cherché jusque
dans le lit nuptial.

Sous Rome libre, on ne voit qu'un seul cas
où il fût permis de faire des visites domici-
liaires : c'était pour rechercher ceux qui dé-
tournaient les eaux des fontaines publiques.
(Voyez la loi 6 au Code, *de aquæ ductu.*)

Sous les Empereurs, au contraire, les délateurs entraient eux-mêmes dans les maisons,
et faisaient arrêter ceux qu'ils voulaient. (Voy.

Cic. *pro Domo*, et Zosim., *lib. IV*.) Quelle
facilité ne trouvaient-ils pas alors à glisser des
papiers *suspects* parmi des papiers innocens !
Combien d'ailleurs n'était-il pas facile d'envenimer par le commentaire des fragmens de
correspondance dont on n'avait pas toujours
la clef, ou les premières ébauches d'un manuscrit ! Aussi Asconius, dans ses notes sur
la 3e verrine, a-t-il pris soin de remarquer que
les Romains, qui jusque-là avaient l'habitude
d'écrire jour par jour sur leurs tablettes tout
ce qu'ils faisaient, payaient ou recevaient, re-
noncèrent à cet usage dès qu'ils virent qu'on
se servait des papiers domestiques d'un citoyen pour essayer de le convaincre des crimes
qu'on lui imputait.

Il ne devrait pas être permis d'envahir ainsi
le domicile et de surprendre les secrets domestiques d'un citoyen.

Je voudrais qu'on ne pût s'introduire dans
une maison particulière qu'aux conditions
suivantes :

1°. L'on ne pourrait y entrer que dans les
seuls cas précisés par la loi;

2°. Les officiers de justice seuls auraient
le droit de s'y introduire; la police, jamais;

3°. Il serait défendu de s'emparer en masse

dés papiers, à moins qu'il ne s'agit de crime
contre la sûreté de l'État, et à la charge, en
ce cas, d'en faire le triage sur-le-champ, sans
déplacement et en présence de l'accusé;

4°. Pourquoi serait-il interdit de résister par
la force à une invasion de domicile non autorisée par la loi? Un ordre illégal est un acte
de violence qu'il devrait être permis de repousser de même. *Vim vi repellere licet*, dit
la Loi des XII Tables. Il nous faudrait une
pareille loi (1).

---

(1) La Cour de cassation avait à décider cette question : Un citoyen se rend-il coupable de rebellion, lorsqu'il résiste à des gendarmes qui veulent l'arrêter en
exécution d'un *ordre illégalement donné* par un commissaire de police? — Elle a résolu cette question affir-
mativement le 5 janvier 1821, en rejetant le pourvoi
formé contre un arrêt de la Cour royale de Grenoble.
L'arrêt de rejet est fondé sur ce que *les particuliers ne
peuvent pas se constituer juges des actes de l'autorité,
et que leur devoir est d'abord d'obéir.*

— Le Parlement de Paris ayant à juger la même question, l'a résolue en sens inverse, par arrêt du 5 mai 1788.
« Considérant, porte cet arrêt, que les ministres, loin
d'être ramenés aux principes de la monarchie, par les démarches de la Cour toujours légales et toujours respec-
tueuses envers le roi, ne s'occupent, au contraire, qu'à
déployer toutes les ressources du *despotisme qu'ils s'ef-*

5°. Il conviendrait surtout d'établir une responsabilité sévère contre tout fonctionnaire ou agent de la force publique qui, hors les cas spécialement prévus par la loi, se serait introduit ou aurait tenté de s'introduire dans le domicile d'un citoyen, et ne pas se contenter de l'amende ridicule et illusoire de 16 francs, pour une si grande transgression du droit des citoyens.

En attendant, il faut obéir respectueusement aux lois telles qu'elles sont.

---

forcent de substituer aux lois ;... considérant, en outre, que *les ordres particuliers qui violent l'asile des citoyens*, les mettant dans l'impuissance de recourir aux lois, et ne tendant pas à remettre sans délai les personnes arrêtées entre les mains des juges compétens, *n'obligent pas légalement les citoyens.* » (Voyez le *Moniteur*, tome Ier, page 99, colonne 2.)

Le législateur aurait à choisir entre l'ancienne Jurisprudence et la nouvelle.

§ 3.

Des Arrestations.

Dès qu'un homme est dénoncé , le premier soin est de se mettre à sa recherche et de l'arrêter.

Qu'on l'appelle , qu'on l'interroge : cela est indispensable sans doute; mais pourquoi le constituer immédiatement prisonnier ? il n'existe que des indices , des présomptions ; il n'est pas encore *accusé;* peut-être décidera-t-on , au bout de six mois ou d'un an , qu'il n'y a pas lieu à accusation; et cependant par provision on s'empare de sa personne , on le prive de sa liberté !

Si même on n'en usait ainsi que pour les crimes les plus graves, la précaution s'excuserait ; le mal en tout cas serait moins général ; le nombre des victimes d'une injuste prévention, moins grand.

Mais non , c'est une sorte de jurisprudence d'usage , pour la plupart des délits aussi bien que pour les crimes; pour le vol des plus minces objets , comme pour un assassinat ou pour un crime de lèse-majesté; presque toujours on débute par arrêter celui qui n'est encore que soupçonné.

4

Une telle forme de procéder a quelque chose de barbare ; et, comme le dit Ayrault, « *il est* » *dur de commencer par un emprisonne-* » *ment* (1). En effet, *tenir* prison pendant le » procès, c'est déjà être comme esclave, et » comme condamné et préjugé. » (*Instruct.* *judic.*, p. 410.)

On ne manque pas de dire que, s'il en était autrement, presque tous les coupables échapperaient (2). A cela je réponds qu'un grand nombre d'innocens ne seraient point sacrifiés.

Je réponds d'ailleurs par l'exemple de plusieurs peuples anciens et modernes, qui ne voulaient pas plus que nous que les crimes demeurassent impunis, mais qui, plus que nous, présumaient favorablement de l'humanité, et ne paraissaient pas avoir oublié que si la loi ne cherche que des coupables, le juge ne doit chercher que des innocens.

---

(1) Voyez le développement de cette proposition, page 390 et suiv. du même ouvrage.

(2) Ainsi, pour que les coupables ne s'échappent point, on prend même les innocens.

Pur chè reo non si salvi, il giusto pera
Et l'innocente............   Canto 2, stro. 12.

(*Jérusalem délivrée.*)

Socrate fut condamné injustement; mais on
ne commença pas du moins par le priver de sa
liberté. Il resta dans sa maison, pendant toute
la durée de son procès (1); on en usa de même
pour Miltiade.

A Rome, on ne donnait de gardes qu'à l'accusateur, pour empêcher qu'il ne pût corrompre les juges et les témoins; on n'en donnait
pas à l'accusé.

« Coriolan, quand il fut banni, partit de
» son logis pour s'en aller; non pas d'une con-
» ciergerie. » (Ayrault, p. 413.)

Le même auteur cite encore d'autres exemples; et s'en sert pour prouver « que les accusés
» ne tenaient prison en nulle partie de la
» cause. » (*page* 413.)

Dans l'ancien gouvernement de Pologne,
c'était une jurisprudence traditionnelle, qu'on
ne pouvait être mis en prison qu'après avoir
été *juridiquement convaincu.* Les Polonais tenaient tellement à cette garantie, que, lors de
l'élection de chaque roi, on ne manquait jamais
de l'insérer dans la capitulation, et qu'on l'o-
bligeait d'en jurer l'observation dans les *pacta
conventa.*

(1) Voyez l'Apologie de Platon.

4*

Dans le canton de Vaud, en Suisse, un ancien privilége empêchait que personne ne pût
être arrêté *sans l'avis préalable et l'assentiment des plus notables bourgeois du lieu.*

Par la fameuse loi royale du 14 mars 1665,
Christian V accepta le pouvoir absolu que lui
déféra la nation danoise, lorsque, fatiguée des
excès d'une aristocratie devenue insupportable,
elle aima mieux s'en remettre au despotisme
d'un seul. Mais ce prince se garda bien d'ima-
giner que, par-là, tout un peuple dût être
soumis au caprice et à l'arbitraire du pouvoir.

Le premier usage qu'il fit de son autorité,
fut de donner aux Danois un Code, dans lequel, bien loin de détruire les anciennes libertés des citoyens, il confirma l'antique et constante jurisprudence criminelle du pays. On y
trouve notamment cet article. : « Personne ne
» peut être mis en prison, à moins qu'il n'ait
» été surpris commettant un délit à peine ca-
» pitale ou corporelle, ou qu'il n'ait avoué
» son crime en justice, ou qu'il n'ait été con-
» damné comme coupable. Tout accusé peut,
» en donnant caution, venir et s'en retourner
» librement à la cour, et jouir de toute la
» liberté nécessaire pour se défendre. » (Code
danois, *liv.* 1er, *chap.* 19, *art.* 1er.)

On peut lire à ce sujet des réflexions très-remarquables dans une traduction libre de la Philosophie de Confucius, imprimée à Soissons en 1769. L'écrivain français, auteur de cette traduction, après avoir parlé des règles que le législateur de la Chine a tracées aux magistrats chargés de la recherche et de la poursuite des crimes, s'exprime en ces termes :

« Ces observations et ces formalités nécessaires pour examiner, discuter, éclaircir tout ce qui peut donner atteinte à la réputation et à la fortune des citoyens, sont toutes à l'avantage de l'accusé et conformes au droit qu'il a d'être d'abord cru innocent. La même justice qui le protége jusqu'à ce qu'il soit trouvé coupable, *défend expressément que, sur une simple accusation, on commence par l'arrêter et le déshonorer.* Aucune peine ne peut et ne doit être infligée, que dans le cas où la loi décide qu'un homme l'a encourue. *Avant que d'infliger la peine d'emprisonnement,* il faut un examen et des indices suffisans. Quels griefs énormes un citoyen accusé, emprisonné d'abord, reconnu innocent après l'examen, et puis absous, n'a-t-il pas à former contre ses juges ? Tout crime, pour mériter une peine, doit être certain. *Toute autre forme de procédure donne atteinte à la liberté, à la sûreté publique* (1). »

Ainsi, les maximes de la plus douce philosophie, l'exemple de plusieurs peuples anciens et modernes, réclament contre la légèreté (2) avec laquelle on emprisonne parmi nous des hommes qui ne sont encore que dénoncés et soupçonnés.

Si du moins le législateur avait pris quelques précautions pour modérer l'abus si facile de ce droit d'emprisonnement ! mais non.

D'abord, on n'a pas même pris la peine de déterminer rigoureusement et avec précision quels seraient les magistrats auxquels serait exclusivement conféré le pouvoir d'ordonner et d'exécuter les arrestations.

---

(1) Yu-le-Grand et Confucius ; par M. Leclerc, médecin de M. le duc d'Orléans ; p. 678. Soissons ; Courtois, 1769.

(2) Voyez dans mon Recueil des *Lois criminelles*, imprimé chez Guillaume et compagnie, à la fin des Appendices, page 281, une circulaire écrite par M. de Serre, garde-des-sceaux, le 12 février 1819, à MM. les procureurs-généraux, et dans laquelle il se plaint de la *facilité et même de la légèreté* avec laquelle se font quelquefois les arrestations.

Rien de clairement défini à cet égard dans le Code d'instruction criminelle. Tout est livré à une nuée d'officiers de police et *d'auxiliaires*, dont les fonctions sont mal déterminées.

Ce vice n'a jamais été mieux senti, ni plus ingénument avoué, que dans la discussion de la loi du 29 octobre 1815, relative à des *mesures de sûreté générale*. L'article 2 portait que les mandats à décerner ne pourraient l'être que par les fonctionnaires *à qui les lois confèrent ce pouvoir*. On ne manqua pas de demander quels étaient ces fonctionnaires ? —
« On répond si diversement à cette question,
» disait M. Royer-Collard, que, selon la ré-
» ponse, le nombre des fonctionnaires appelés
» varie de quelques centaines *à plusieurs mil-*
» *liers.* » MM. de Serres, Colomb et Pasquier convenaient de l'obscurité et du vague de la loi ; mais M. Bourdeau (depuis procureur général) répondit : « Il y aurait plus d'incon-
» véniens à désigner, pour exercer ce droit
» (d'arrestation), quelques magistrats d'un
» rang élevé, que de le laisser à ceux qui en
» sont en possession. Le projet de loi ne les
» désigne pas, et cette *équivoque* elle-même,
» cette sorte de *vague*, est un avantage, une

» *garantie* assurée à la tranquillité publique.
» (Moniteur du 24 octobre 1815.) »

Il faudrait être du parquet pour adhérer à cette opinion.

2°. Il ne suffirait même pas de limiter d'une manière précise le nom des fonctionnaires et des agens qui pourraient arrêter ou faire arrêter ; il faudrait établir une *responsabilité* sévère pour qui le ferait sans droit. Or, cette responsabilité des agens et des fonctionnaires est ce qui manque le plus en France.

3°. Il faudrait établir en principe que toute espèce de mandats contiendraient la mention du fait pour lequel ils sont décernés, et l'article de loi qui, pour ce fait, autorise à lancer le mandat. Cette obligation existe bien pour les mandats d'arrêt ; mais elle n'est pas imposée pour les mandats d'amener ou de dépôt. Aussi on arrête toujours de préférence en vertu de mandats de cette espèce. N'exigeant aucune forme, il semble qu'ils n'entraînent aucune responsabilité ; cela met à l'aise.

Si encore on n'arrêtait ainsi que ceux à qui l'on en veut ; mais rien n'est plus commun que de voir arrêter un citoyen pour un autre. Dans

le cours d'une seule année, nous avons vu
deux avocats arrêtés par méprise (1).

Qu'on s'en plaigne ; un Chancelier et pourtant c'est D'Aguesseau, vous répondra : « Il est
» fort fâcheux que celui qui se plaint ait été
» arrêté *par méprise* et retenu si long-temps
» dans les prisons. Mais c'est un *mal* qui doit
» être regardé comme *presque irréparable*. »
(Tom. VIII de ses Œuvres, *Lettre* 130. *p.* 197.)

Le mal fait, est irréparable, sans doute;
mais on peut le prévenir ; et pour cela, il ne
faut que le vouloir. Plutôt que de commencer
par donner à un agent de police, ou à des
gendarmes, l'ordre d'aller cerner une maison
avant le jour, et d'arrêter un citoyen au lever
du soleil ; ne peut-on pas le mander, l'interroger et l'admettre à donner des explications?
Au lieu de cela, on arrête d'abord; il faut ensuite que l'individu ainsi arrêté attende son
tour, c'est-à-dire plus ou moins de temps; et
puis, quand il paraît, l'interrogateur tout
étonné, dit : *Ce n'est pas là notre homme ; et
on le renvoie.*

Devait-on donc l'arrêter si légèrement ? et

_____

(1) MM. Pinet et Lavaux ; l'un en passant à Lyon,
l'autre en son domicile à Paris.

les excuses ou les regrets d'un officier de paix, d'un juge d'instruction, ou même d'un préfet de police, peuvent-ils dédommager un citoyen du désagrément de son arrestation, du chagrin causé à sa famille, et quelquefois du dérangement apporté à ses affaires, ou du tort fait à sa réputation?

J'ai entendu plusieurs accusés se plaindre en pleine Cour d'assises, de violences exercées contre eux au moment de leur arrestation; quoiqu'il n'eût été ni constaté ni même allégué qu'ils eussent fait rébellion.

Cependant, la loi est positive. L'art. 82 de la Constitution de l'an III dit expressément que « toutes rigueurs employées dans les ar- » restations, détentions ou exécutions, autres » que celles autorisées par les lois, sont des » crimes. » (Adde *Code pénal de* 1810, *art.* 186.)

A plus forte raison doit-on regarder comme un crime l'action de tuer un prisonnier qui, loin de résister avec violence, cherche seulement à se dérober par la fuite. (Voy. *Affaire de Lyon*, en 1817.)

Les devoirs des gendarmes à cet égard sont tracés dans une Circulaire de M. Siméon, pendant qu'il était ministre de la justice en West-

phalie. Je regrette de n'avoir plus cette pièce
en ma possession. Elle faisait honneur à son
auteur. Un gendarme avait tiré sur un cons-
crit qui fuyait, et il l'avait grièvement blessé ;
M. Siméon rappelle que les agens de la force
publique ne doivent se servir de leurs armes
que pour vaincre une résistance qu'ils ne
peuvent pas surmonter autrement. En conséquence il propose au gouvernement la destitu-
tion du gendarme et sa mise en jugement.
« Autrement, dit-il, je ne pourrais rester en
fonction dans un pays où le droit naturel serait
à ce point méconnu. »

Rien de plus honorable assurément, qu'une
telle résolution !

§ 4.

Instruction préalable à la Police.

Que la police prévienne les crimes, qu'elle
déjoue les complots, qu'elle avertisse la justice des crimes déjà commis, qu'elle désigne
les coupables, et réunisse les premiers élémens
de conviction ; elle est instituée pour cela.

Mais pourquoi une instruction préalable à
la Police ?

Pourquoi cette détention, ou plutôt cette séquestration des personnes dans une salle in-fecte appelée *salle Saint-Martin*, où tel pri-sonnier court risque plusieurs fois d'être as-phyxié avant que son tour d'être interrogé ne soit arrivé ?

Pourquoi ne pas aller de suite devant la jus-tice ? Elle offre bien plus de garantie. Rare-ment on a entendu un accusé dire qu'un ma-gistrat lui avait surpris une réponse, l'avait flatté d'espoir ou menacé, selon qu'il parlerait dans tel ou tel sens. Et vingt fois j'ai vu des accusés rétracter en *face du jury*, leurs décla-rations à la Police, se plaindre de manœuvres employées pour les leur arracher, aller même jusqu'à s'inscrire en faux contre les rédactions !

Si cette première instruction est tolérée, pourquoi du moins ne pas la tenir secrète, et comme simple renseignement dans l'instruc-tion judiciaire ? Pourquoi l'invoquer lors des débats publics, où tout doit être oral, pour la faire servir de texte à de prétendues contra-dictions ?....

§ 5.

Longueur indéfinie de l'instruction.

Grotius, dans sa fameuse apologie, *cap.
XIV*, *in principio*, rappelle avec éloge la constitution de la princesse Marguerite, de 1346,
qui prescrit *de juger ou d'élargir tout accusé
de crime capital,* DANS LA QUINZAINE, à moins
que l'on ne soit occupé à une expédition de
mer, auquel cas le délai peut être *de trois mois,*
mais sans pouvoir excéder ce délai.

Nous sommes loin de cette célérité. Chez
nous, aucune précaution n'a été prise pour
renfermer la durée des informations criminelles dans de justes bornes. La loi dit bien
quelquefois que le juge fera tel ou tel acte
dans le plus bref délai ; mais nulle peine, nulle
sanction qui garantisse que ce bref délai ne
sera pas indéfiniment prolongé. Aussi voit-on
fréquemment l'instruction des affaires les plus
minimes comme les plus graves, durer au-delà
du terme d'une année, sans qu'il y ait moyen
d'obliger le juge à abréger ces retards ou à en
déduire ouvertement les motifs.

C'est un vice dans l'instruction criminelle.

Il a été tellement senti, que lorsqu'il s'est
agi de discuter la dernière *loi contre la liberté*

individuelle, qui autorisait les *détentions sans jugement*, un des argumens employés pour prouver que cette loi d'exception était *inutile*, a été pris de ce que le Code d'instruction criminelle, dans le vague de ses dispositions, autorisait, par le fait, les détentions indéfinies.

Il est urgent de remédier à cet abus.

Ce n'est pas que je désire qu'on mette à l'instruction des affaires trop de précipitation : il y a également du danger à trop presser et à trop retarder ; et, suivant la remarque d'Ayrault (p.158), « qui recule ou avance l'instruction, il gâte » bien ou conserve les preuves ; il traite dou- » cement ou rigoureusement l'accusé. »

Il gâte les preuves, s'il prolonge tellement l'instruction que plusieurs témoins viennent à mourir, qu'une pièce importante soit soustraite, etc., etc.

Il les conserve, si les retards qu'il apporte sont réellement nécessaires pour réunir les élémens d'une preuve incertaine, pour obtenir des témoignages de personnes absentes, etc., etc.

Il traite rigoureusement l'accusé, s'il expose ses preuves justificatives à dépérir, s'il prolonge sa détention outre mesure, s'il le tient au secret.

Il le traite doucement au contraire , s'il laisse à la prévention le temps de se calmer, s'il donne à l'accusé tout le temps de rassembler ses preuves et de se justifier. C'est ce qui arrive surtout dans les *procès politiques*. Combien de gens n'ont dû leur salut qu'à la différence des temps ! Mais je n'ai rien fait, disaient les victimes de la révolution. — Tu n'as rien fait, infortuné que tu es ! Eh ! ne vois-tu pas qu'on fait le procès à ton opinion, et que tu seras jugé par des gens d'une opinion contraire !

Les délais sont encore fort utiles dans les accusations qui comprennent un certain nombre d'accusés, comme les accusations pour révolte, sédition, conspiration vraie ou supposée.

Dans le premier moment, « la chaleur, l'in-
» dignation, la cholère y estant encores, pous-
» sent non-seulement les parties, mais les té-
» moings, mais les juges, mais l'auditoire.
» Toutes choses avec le tems passent bien
» plus attrempement et humainement qu'à
» la chaude... » (1) Tous les accusés devraient prendre en pareil cas, pour règle de conduite, cette épigraphe qui se lit en tête du procès du duc de Rovigo, acquitté à l'unanimité et avec

_____

(1) Ayrault, p. 333.

tous les honneurs de la guerre, en 1820, dans
la même salle et devant le même tribunal où
il avait été condamné à mort aussi à l'unanimité quatre ans auparavant. « En usent bien
» sagement en pareille occasion ceux qui lais-
» sent faire l'entrée aux autres et se présen-
» tent en seconde ligne pour se justifier, parce
» que les dernières accusations sont toujours
» plus douces et plus mollement poursuivies. »

§ 6.

Élargissement provisoire sous caution.

Le lecteur se rappelle sans doute ce passage du Code danois que nous avons déjà cité
plus haut, page 52 : « Tout accusé peut, en
donnant caution, venir et s'en retourner librement de la Cour, et jouir de toute la liberté nécessaire pour se défendre. »

On trouve une disposition analogue dans
les établissemens de saint Louis, livre 1er,
chap. 104. Le passage est assez curieux pour
mériter d'être rappelé ici en entier. Je le
donne en français moderne, suivant l'édition
de l'abbé de Saint-Martin.

« Lorsque quelqu'un en accuse un autre de

» meurtre ou de trahison, ou de quelque
» crime que l'on punit par la perte de la vie
» ou d'un membre, la justice doit se saisir de
» l'accusé et de l'accusateur, les retenir tous
» deux *en égale prison*, de manière que l'un
» ne soit *pas mieux traité* que l'autre. S'il
» arrivait qu'un juge fût assez peu sensé pour
» mettre l'un en liberté sur caution, et rete-
» nir l'autre; si celui qu'on a mis hors de pri-
» son prend la fuite et ne comparaît pas au
» jour indiqué, alors le juge doit dire à ceux
» qui se sont rendus cautions : *Vous vous êtes*
» *engagés à faire comparaître aujourd'hui*
» *pardevant nous un tel, et il le leur nom-*
» *mera; il est accusé d'un grand crime, il*
» *s'est enfui; c'est pourquoi nous voulons que*
» *vous vous obligiez à subir la peine qu'il su-*
» *birait, s'il en était atteint et convaincu. —*
» *Sire,* répondront les cautions, *nous ne nous*
» *y soumettrons point; car nous n'avons fait*
» *que remplir les devoirs de l'amitié en nous*
» *rendant cautions de notre ami.* — Le juge ne
» les pourra condamner qu'en une amende de
» 100 sols 1 denier. Cette amende est appelée
» *relief d'homme.* C'est pourquoi tout juge
» doit bien se garder de recevoir caution pour
» des hommes accusés de grands crimes,

» comme de meurtre ou de trahison; car on
» ne peut exiger des cautions une amende
» plus considérable que celle qui vient d'être
» prescrite. »

La jurisprudence moderne est loin d'être
aussi favorable aux accusés.

Non-seulement il est défendu d'élargir sous
caution les accusés de crimes emportant peines
afflictives ou infamantes, ce qui, au surplus,
me semble raisonnable; mais même en matière purement correctionnelle, où il semble
que l'élargissement sous caution devrait être
un droit pour les prévenus, on prétend qu'il
n'est qu'une faculté pour le juge.

Le siége de la difficulté se trouve dans les
articles 113, 114 et 115 du Code d'instruction
criminelle, qui sont ainsi conçus :

Art. 113. « La liberté provisoire ne pourra
jamais être accordée au prévenu lorsque le
titre de l'accusation emportera une peine afflictive ou infamante. »

Art. 114. « Si le fait n'emporte pas une
peine afflictive ou infamante, mais seulement
une peine correctionnelle, la chambre du
conseil pourra, sur la demande du prévenu,
et sur les conclusions du procureur du roi,
ordonner que le prévenu sera mis provisoire-

ment en liberté, moyennant caution solvable
de se représenter à tous les actes de la procédure, et pour l'exécution du jugement, aussitôt qu'il en sera requis.

» La mise en liberté provisoire avec caution pourra être demandée et accordée en
tout état de cause. »

Art. 115. « Néanmoins les vagabonds et les
repris de justice ne pourront, en aucun cas,
être mis en liberté provisoire. »

La disposition de ce dernier article se justifie par la qualité des personnes auxquelles
elle s'applique : aussi je restreins la question
aux gens ayant domicile ; et je demande à
leur égard, d'abord s'il est vrai, et en tout
cas, s'il est juste que l'élargissement provisoire, sous caution, ne soit que facultatif et
non de droit.

En fait, on prétend que l'article 114 em-
ployant le mot *pourra*, laisse au juge la faculté d'accorder *à son gré*, ou de refuser l'é-
largissement provisoire.

D'abord, il est permis de contester cette
interprétation, et de dire que le mot *pourra*,
employé par l'article 114, pour les cas où il
ne s'agit que de peines correctionnelles, n'est
mis que par opposition aux mots *ne pourra*

5*

jamais, employés par l'article 113, pour le cas où le titre de l'accusation emporte des peines afflictives ou infamantes.

En second lieu, on doit faire réflexion que ce qui est abandonné à l'arbitrage du juge n'est pas pour cela livré à l'arbitraire de l'homme ; et, suivant cette explication qui n'a rien que de souverainement équitable, on tirera la conséquence que le mot *pourra*, de l'article 114, n'indique pas une *pure faculté* de caprice ou de bon plaisir; mais comporte une *véritable obligation* d'accorder l'élargissement, toutes les fois que le prévenu qui le réclame n'est pas dans un des cas où la loi défend de l'accorder.

Or, la loi ne défend de l'accorder que lorsque *le titre de l'accusation* doit emporter une peine afflictive ou infamante (*art.* 113); donc il doit être accordé toutes les fois que ce titre ne promet que des peines correctionnelles (*art.* 114) : autrement, ce serait donc la diversité des personnes qui mettrait une différence dans les solutions du juge, lorsque au contraire il est évident que la différence des décisions ne peut provenir que de la diversité des délits.

Ainsi tout se réduit à vérifier si le titre de

la prévention est criminel ou correctionnel.

Telles sont les raisons que j'alléguais dans une affaire purement correctionnelle ; elles ne furent point accueillies, et la demande à fin d'élargissement *provisoire* fut jointe *au fond*, ce qui équivalait complètement à un rejet ; puisque, lors du jugement du fond, s'il y avait acquittement, l'élargissement, au lieu d'être seulement provisoire et sous caution, devenait pur et simple et définitif ; et que, s'il y avait condamnation, il n'y avait plus lieu à statuer sur la demande en élargissement.

Cette jurisprudence me semble vicieuse. S'il est vrai qu'elle soit d'accord avec l'art. 114, il conviendrait, je crois, de changer cet article ; et au lieu de dire que si le titre de l'accusation est purement correctionnel, la chambre du conseil *pourra* ordonner l'élargissement provisoire ; on dirait que dans ce cas, cet élargissement *devra* être ordonné.

Que risque-t-on en effet ? que le prévenu ne se représente point ? mais d'abord, où est le préjudice pour la société ? le cautionnement est déjà la matière d'une réparation ; et quant à la personne, il faudrait, pour se soustraire au jugement, qu'elle s'imposât la triste nécessité de s'expatrier ou de vivre cachée, c'est-à-dire, une peine plus grave que celle que les tribunaux correctionnels peuvent infliger. Pour la partie civile, quand il y en a une, nul danger non plus, puisque le cautionnement doit être fixé contradictoirement avec elle, et dans une proportion approximative de son intérêt.

L'avantage que je verrais dans cette disposition, serait : 1° de ne pas retenir en prison pendant un temps plus ou moins long avant le jugement, et pour des délits la plupart fort légers, des hommes qu'il suffirait d'y mettre après la condamnation.

2°. Comme il y a souvent acquittement, l'emprisonnement préalable est une rigueur inutile qu'il ne faut pas ajouter au désagrément de paraître en jugement.

3°. Enfin ces refus d'élargissement provisoire sous caution, augmentent sans nécessité le nombre des prisonniers, et contribuent à rendre le régime des prisons plus coûteux et plus malsain.

J'ajoute encore une remarque. C'est que la liberté sous caution n'est jamais accordée qu'au prévenu *déjà incarcéré*. Pourquoi ne pas laisser également au prévenu non encore arrêté, la faculté d'offrir caution pour con-server sa liberté? Cette question ne peut-elle donc être résolue que lorsqu'un homme est sous les verroux? L'intérêt de rester libre, n'est-il pas le même que celui de le redevenir?

§ 7.

Télégraphes officiers de Police judiciaire.

Devait-on s'attendre à voir les télégraphes figurer dans les affaires criminelles?

On s'en est servi, comme des muets du sérail, pour porter des ordres de mort. C'était la réponse à des recours en grâce. Il importait donc bien aux ministres d'aller vite en besogne! Elle était donc mise en oubli, cette belle maxime, que le retard apporté à la mort d'un homme n'est jamais trop long.

Nulla unquam de morte hominis cunctatio longa est.

Mais on s'est servi des télégraphes, pour des actes encore plus odieux. On a vu ces géants silencieux, transformés en officiers *de police judiciaire*, et dans quelle occasion?

Une loi venait d'accorder une amnistie : une seule restriction était apportée pour les cas où des poursuites auraient été déjà commen-

cées.... A peine la loi est rendue, qu'un ministre qui devait en être l'exécuteur, travaille à en
diminuer les salutaires effets. Un brave gémit en
prison à cent lieues de la capitale : la loi
vient de briser ses fers ; mais cette loi n'arri-
vera sur les lieux que dans quelques jours ; on
veut la devancer : le télégraphe marche, et va
porter rapidement l'ordre homicide de commencer de suite l'instruction, et d'entendre au
moins *un témoin !...* On sait le reste.

§ 8.

Du Secret.

Le secret pris dans sa plus simple acception,
et abstraction faite de tous mauvais traitemens
propres à le rendre plus insupportable (1), est
la privation de toute communication avec ses

---

(1) Je pourrais répéter ici ce que d'autres écrivains
ont déjà révélé des pratiques dont le secret est ordinairement accompagné. Menaces, bruits inattendus
pour imprimer des terreurs soudaines ; des reverbères
devant les yeux, pour fatiguer la vue du prisonnier ;
la longueur prolongée de ce mode de détention qui,
pour certains individus, est allé au-delà de quinze
mois : il me suffit de renvoyer à l'ouvrage de M. Bé-
ranger, *De la Justice criminelle en France.*

parens, ses amis, ses conseils ; une concentration obligée dans un lieu resserré, où l'on respire à peine, et d'où l'on ne peut ni voir ni être vu.

Qu'est-ce donc, grand Dieu, m'écriai-je souvent, que cette torture morale si cruellement substituée à la torture physique qui a disparu de notre législation ? Une pareille peine, non autorisée par les lois, fondée seulement sur l'usage de quelques hommes endurcis aux poursuites criminelles, peut-elle donc être tolérée ? depuis quand la pratique d'un abus serait-elle devenue un droit ? y a-t-il prescription en pareille matière ?

Qu'il me soit permis de reproduire ici les douloureuses réflexions que m'avait suggérées la pénible discussion de la loi du 26 mars 1820, *sur la liberté individuelle*, et le droit accordé aux ministres, par cette loi, de faire arrêter les citoyens et de les tenir au secret, sans être tenus de les traduire en jugement.

« Les lois établissent des peines : ce sont des amendes sur les biens, des flétrissures sur la personne, l'emprisonnement, les fers, la mort même ; mais le secret, l'horrible secret, qui ne figure nulle part sur la liste des peines prononcées par la loi, demeurera-t-il éternellement

parmi les moyens de tourmenter son semblable, laissés à l'arbitraire de l'administrateur et
du magistrat ?

Je vais plus loin, et je dis que la loi qui
consacrerait la mise absolue au secret, telle
qu'on l'a vu pratiquer dans ces derniers temps,
serait une loi immorale, et qui ne pourrait
subsister.

Vous pouvez atteindre la fortune ou la personne d'un citoyen ; vous pouvez le condamner à l'amende ou le tuer ; mais vous n'avez
pas le droit de ruiner son tempérament, d'affaiblir sa santé, de lui faire contracter des
maladies ; enfin, que dis-je ! de lui faire perdre
la raison !

Dieu permet aux magistrats de sévir sur les
corps, il ne leur permet pas de sévir sur les
ames. La raison est une émanation de la Divi-
nité ; elle ne tombe pas en convention. Si les
hommes, en se mettant en société, ont pu se
donner les uns sur les autres le droit de vie et
de mort ; ils n'ont pas pu se donner réciproquement le droit de se rendre fous.

Le secret, qui trop souvent entraîne ce résultat funeste, n'est donc pas seulement une
peine illégale ; c'est encore une peine contraire
à la morale et à la religion.

Mais quoi ! n'est-il pas de principe que toutes les peines doivent être personnelles ? Pourquoi donc étendre la rigueur jusque sur les parens du détenu ?

Eh ! n'est-elle pas punie, en effet, l'épouse qu'on prive de la vue de son époux ? n'est-elle pas même punie plus sévèrement que lui, si l'on considère que l'homme trouve dans sa force naturelle une constance et une fermeté à laquelle l'autre sexe ne peut pas toujours atteindre ?

Mais ce n'est pas seulement sous le rapport des affections blessées, des liens de la nature brisés, que le secret est une peine pour les familles aussi bien que pour les détenus. Sous le rapport des fortunes, n'est-ce donc rien que d'enlever un chef de famille et de le priver subitement de toute communication avec les siens ?

Supposez qu'un banquier, un marchand, un manufacturier soient arrêtés : comment voulez-vous qu'une femme, le plus souvent étrangère aux affaires et aux opérations de son mari, puisse seule et à l'instant même se mettre en mesure de le suppléer ? Elle le pourrait encore à l'aide de ses conseils, s'il lui était permis de communiquer avec lui ; mais seule,

privée d'instructions, connaît - elle ses ressources, ses moyens de crédit, les procédés,
les secrets de son art?

Vous exposez donc la famille entière à une
ruine certaine; et pourquoi? Parce que son
chef aura, je ne dis point paru coupable, mais
paru *suspect*.

Ici viennent, je le sais, les objections arti-
ficieuses des procureurs-généraux sur la nécessité du secret en pareille matière, et le danger des communications.

Hélas! qu'il est douloureux de voir les organes des lois se constituer en cette occasion
les défenseurs de l'arbitraire! Autrefois le Parlement en corps eût refusé d'enregistrer un
tel édit, il eût arrêté des Remontrances, peut-
être même eût-il décrété d'ajournement personnel, comme ennemi du trône et de l'État,
le ministre imprudent qui eût proposé de violer les droits nationaux et de mettre l'arbitraire à la place de la règle : et loin de là, les
magistrats de nos jours sont les premiers à demander que le caprice des hommes soit subs-
titué à la sainte autorité des lois! ils ne veulent
aucune restriction, aucune modification à leur
pouvoir discrétionnaire ! ils ont mis en oubli
cette belle sentence du chancelier Bacon :

Optima lex est quæ minimùm relinquit arbitrio judicis, optimus judex qui minimùm sibi.

Mais cette nécessité du secret dans l'instruction est-elle donc incompatible avec la possibilité d'une entrevue entre le mari et la femme, le père et les enfans?

Doublez la garde : qu'un factionnaire, un homme de police, un interrogateur, un greffier soient présens à toutes les effusions du cœur, à tous les épanchemens de l'amitié (1). En pénétrant dans ce triste séjour, l'enfant, effrayé à la vue du gendarme, se rejettera sur le sein de sa mère ; mais ce cri avertira le père que son fils vient le visiter.

---

(1) Je puis m'appuyer d'un exemple récent. Dans le procès de la conspiration du 19 août, l'un des accusés avait prétendu que Bérard, malgré le secret auquel on paraissait l'avoir mis comme tous les autres, avait néanmoins communiqué avec des étrangers. M. le chancelier éclaircit le fait : « Je dois déclarer à la Cour, dit-il, que, guidé par un sentiment d'humanité, je n'ai pu résister aux prières de la femme de l'accusé Bérard, et que ce sentiment m'a décidé à lui permettre *de voir son mari en présence du concierge.* » Voilà précisément ce que je réclame pour les détenus. C'est encore un des beaux exemples que la Cour des Pairs aura donné cette fois aux autres tribunaux.

On parlera haut ; il sera défendu de s'approcher, de se toucher ; aucun billet ne pourra être remis. On tiendra note des gestes, des soupirs, des sanglots ; mais enfin l'épouse saura que son époux vit encore, le père aura vu ses enfans, les frères auront vu leur frère, ils auront échangé des consolations ; le prisonnier donnera des instructions pour régir sa maison et ses affaires, on s'assurera qu'il ne manque pas du nécessaire ; il reprendra courage, et sa famille, affranchie des angoisses de l'incertitude, n'en sera pas réduite à maudire l'autorité. Hommes cruels! voilà pourtant ce qu'au dix-neuvième siècle vos cœurs impitoyables refusent à l'humanité ! »

Le chantre de *la Pitié* a décrit en beaux vers la situation effrayante d'un malheureux prisonnier au secret :

. . . . Dans ce séjour
Où l'homme, dans les fers, languit privé du jour ;
. . . .
Réduit, pour seul plaisir, dans ces noires demeures,
A lire quelques mots, où d'autres, avant lui,
Sur ces terribles murs ont tracé leur ennui.
Il est seul : dans un long et lugubre silence,
Pour lui, le jour s'achève et le jour recommence ;
Pour lui, plus de beaux jours, de ruisseaux, de gazon ;
Cette voûte est son ciel, ces murs son horizon.

Son regard, élevé vers le flambeau céleste,
Vient mourir dans la nuit de son cachot funeste ;
Rien n'égaie à ses yeux sa morne obscurité;
Ou si, par des barreaux avares de clarté,
Un faible jour se glisse en ces antres funèbres,
Il redouble pour lui les horreurs des ténèbres ;
Et, le cœur consumé d'un regret sans espoir,
Il cherche la lumière et gémit de la voir.

Après avoir dépeint l'infortune des différentes sortes de prisonniers, le poëte s'écrie
encore d'un accent douloureux :

Quels qu'ils soient, n'allez pas, stérilement cruel,
Dans le fatal séjour où la loi les exile,
Aggraver leurs malheurs d'un malheur inutile,
Rendre leurs fers plus lourds, et, sans nécessité,
Joindre la solitude à la captivité.
Dans ce triste abandon, où lui-même s'abhorre,
Par ses pensers cruels le malheur le dévore.
Ah ! laissez arriver ses chers consolateurs,
Et que des pleurs du moins répondent à ses pleurs !
La justice est coupable alors qu'elle est cruelle.

§ 9.

Du choix d'un Conseil.

Tout accusé doit être défendu; sans défense, pas de justice.

Pour garantie que l'accusé sera suffisamment et convenablement défendu, la loi, sans lui interdire de se défendre lui-même, veut qu'il ait un conseil.

S'il néglige d'en choisir un, le juge doit l'en pourvoir d'office, à peine de nullité de la procédure.

Cette désignation de la part du juge ne doit avoir lieu que faute, par l'accusé, d'avoir fait son choix : car, s'il est un droit qu'on ne puisse refuser à un accusé, c'est assurément de choisir librement l'homme auquel il doit confier le secret de ses pensées, de ses erreurs, de ses faiblesses, de son existence toute entière.

Qui donc pourrait circonscrire ce choix? Il ne l'est point par le droit naturel : il ne l'a été, que je sache, chez aucun peuple de l'antiquité.

A Rome, l'esclave même devait être défendu par son maître ou par le fondé de pouvoir de son maître (*l.* 11 *ff. de public. judic.*);

si celui-ci l'abandonnait, il pouvait se faire défendre par un autre esclave de son choix (*l.* 19 *ff. de pœnis*).

Et pour nous, hommes libres du dix-neuvième siècle, le choix d'un défenseur est entouré d'obstacles et de restrictions : il faut des permissions ! il est possible de les refuser !

Aux termes du Code impérial de 1810, art. 295, « le conseil de l'accusé *ne pourra* être » choisi par lui ou désigné par le juge que » parmi les avocats ou avoués de la Cour royale » ou de son ressort, à moins que l'accusé n'ob- » tienne, du président de la Cour d'assises, la » permission de prendre pour conseil un de » ses parens ou amis. »

Que l'avocat désigné d'*office*, ne puisse être choisi que sur les lieux, je le conçois ; aucun lien ne l'attache à l'accusé ; tout devient indifférent à celui qui, pouvant choisir, ne l'a pas voulu ; et d'ailleurs, il ne serait pas juste que, sur une désignation d'office, un conseil fût obligé de se déplacer.

Mais quand l'accusé se choisit lui-même un conseil, pourquoi l'astreindre à ne le prendre que dans le ressort de la Cour qui doit le juger ? Pourquoi exiger, en pareil cas, une permission du président, qui, s'il peut permettre, pourra donc aussi refuser ?

Pourquoi cette première restriction est-elle encore accrue par la nécessité qu'impose le décret impérial du 14 décembre 1810, de recourir à l'autorité du ministre de la justice pour avoir la permission d'aller plaider hors du ressort (1) ?

Le médecin, le chirurgien, domiciliés à Paris, ont-ils besoin d'une autorisation de la

---

(1) Pourquoi ce ministre lui-même a-t-il, en dernier lieu, ajouté aux difficultés existantes, en exigeant un *visa* préalable du bâtonnier, une attestation que l'avocat *n'avait été puni d'aucune peine de discipline*, et des renseignemens particuliers sur ses *opinions politiques?* Tel est l'objet d'une circulaire, du 25 avril 1821, à MM. les premiers présidens et les procureurs-généraux. — Il faut rendre ce témoignage à M. le premier président Seguier, qu'il a désapprouvé ce surcroît de servitude. Il connaît assez bien les sentimens du barreau, pour penser que ces précautions qui nous sont injurieuses, sont en même temps inutiles, et qu'on ne doit pas ainsi gêner l'honorable liberté dont nous avons le droit de jouir, sous la protection et la surveillance des magistrats. Il ne s'est pas prêté à écrire des circulaires en sous-ordre aux présidens du ressort de la Cour; et il a eu l'obligeance d'en informer le barreau. C'est ainsi que ce magistrat justifie pour lui-même ces

Faculté, pour aller guérir un malade en province ? Les infirmes des départemens sont-ils réduits à se faire traiter et panser par les officiers de santé du pays ? Leur est-il défendu d'élever leur confiance ?

Que dire encore de ces contrées où l'on a vu des avocats manquer à leur état et se manquer à eux-mêmes, au point de refuser leur ministère à de malheureux accusés ? Dans ce cas, au moins, (s'il se présentait de nouveau,) l'autorisation d'aller prendre un défenseur ailleurs serait-elle encore discrétionnaire, ou de droit ?

Eh ! pourquoi donc cette appréhension de l'autorité, cette crainte de voir l'avocat fixé habituellement dans le ressort d'une Cour, aller plaider dans une autre ? Est-ce la peur

---

deux vers qu'il a mis au bas du portrait de son illustre père placé, par ses soins, dans la bibliothèque de l'Ordre des Avocats :

Témoins de ses talens, sa gloire est votre ouvrage :
Votre amour pour son fils, mon plus bel héritage.

De tels exemples jettent les fondemens d'une union solide entre la Magistrature et le Barreau : union à laquelle ces deux Ordres durent une partie de leur gloire, et qui tourne à l'agrément des individus, autant qu'au bien de la justice.

6*

qu'il ne défende trop mal son client ? que l'accusation ne soit pas assez fortement combattue ? que le procureur général n'ait trop
beau jeu ?—Non, sans doute. C'est donc la
crainte du contraire ; la crainte que cet
avocat qu'on aura choisi, sûrement en raison de sa grande réputation, ne déploie trop
de courage, de talent, d'énergie ; qu'il ne
soit trop bon avocat, qu'il ne fasse trop bien
son devoir, qu'il ne produise trop d'impression ; en un mot, qu'il ne sauve l'accusé ?
Mais cette crainte serait odieuse, cruelle, in-
humaine.

L'avocat est l'homme de tous les temps, de
tous les lieux, le protecteur de toutes les in-
fortunes, le défenseur-né de tous les citoyens.
Circonscrire son ministère, c'est porter atteinte au droit de tous : la liberté qu'il réclame,
et dont il use, est la liberté de tous, puisque
c'est au profit de tous qu'il l'exerce.

L'article 10 du décret du 14 décembre 1810,
devrait donc être rapporté, et l'article 295
du Code d'instruction criminelle restreint au
cas où l'avocat serait nommé d'office par le
juge.

L'affaire de M. Madier Montjau a fait naître
une autre difficulté.

Il a réclamé devant la Cour de cassation le droit de se choisir un conseil ; il n'a pu l'obtenir.

On lui avait fait verbalement diverses objections auxquelles il répondait de la manière suivante, dans sa requête du 19 novembre 1820 :

« L'exposant est *inculpé ;* on provoque contre lui l'application de dispositions *pénales ;* il doit donc jouir du droit naturel de se défendre, qui appartient à tout homme, à tout citoyen.

» Cependant, quel n'a pas été son étonnement, lorsque, dans une audience qu'a bien voulu lui accorder monseigneur le garde-des-sceaux, ayant exprimé à ce ministre, qui doit être l'un de ses juges, l'intention de se choisir un conseil pour l'assister dans sa défense, sa grandeur a fait entendre à l'exposant qu'il n'aurait pas cette faculté ; qu'il devait songer à se défendre lui-même ; que s'il ne s'en sentait pas capable, alors c'est qu'il n'était pas capable non plus d'exercer sa magistrature ; que d'ailleurs tout se bornerait à quelques questions auxquelles il aurait à donner des réponses catégoriques sur lesquelles on jugerait !

» A ces assertions, l'exposant a répondu respectueusement qu'on pouvait être fort bon juge et n'avoir pas toutefois le don de la parole ; que d'ailleurs, dans sa propre cause, l'homme le plus habile et le plus sûr de ses bonnes intentions devait se défier de ces émotions subites dont on n'est pas toujours maître quand il s'agit de soi ; qu'enfin, l'état habituel de maladie de l'exposant pourrait l'empêcher de mettre à exécution le dessein où il est de se défendre lui-même. Ces raisons n'ont pas paru toucher monseigneur le garde-des-sceaux ; de sorte que l'exposant a lieu de craindre que sa grandeur, comme président de la Cour à l'occasion de son procès, n'interdise l'entrée de l'audience à ses conseils, et la parole à l'avocat qu'il se sera choisi.

» Dans ces circonstances, et attendu que M. Montjau devra sans doute répondre personnellement aux questions qu'il plaira à M. le président de lui faire au nom de la Cour ; mais que l'interrogatoire n'est pas la défense, et qu'après les réponses fournies, il restera à donner les explications et les développemens que pourront exiger tant le premier réquisitoire de M. le procureur-général que celui qui sera prononcé à la prochaine audience, de

la Cour; attendu qu'il ne s'agit pas ici d'une chose
de simple étiquette, ou de police d'audience,
du genre de celles dont le réglement est abandonné au pouvoir discrétionnaire du magistrat
qui préside; mais qu'il s'agit d'un droit naturel
et positif, assuré et garanti par toutes les lois
à tous les citoyens, et dont M. de Montjau,
quoique magistrat, ne pourrait être privé sans
injustice; attendu qu'il ne s'agit pas ici d'une
matière civile, ou de celles dans lesquelles les
avocats de la Cour de cassation ont seuls le
droit d'occuper; mais qu'il s'agit d'une matière
pénale, et que l'usage constant de la Cour,
d'accord en cela avec le droit non moins constant des parties, est de leur laisser toute espèce
de latitude dans le choix de leurs conseils et
de leurs défenseurs.

  » L'exposant supplie humblement qu'il
plaise à la Cour de cassation l'autoriser à se
choisir un conseil, tant parmi les avocats spécialement attachés à la Cour, que dans le
barreau de Paris, à l'effet de l'assister à l'audience de la Cour, et de plaider ou répliquer
pour lui, suivant et ainsi qu'il avisera dans
l'intérêt de sa défense; et vous ferez justice. »

  La grande raison qui paraît avoir motivé le
refus d'accorder un conseil à M. Madier de

Montjau, est qu'il s'agissait d'une *affaire de discipline.*

Cette réponse eût été bonne, si l'on avait procédé contre ce magistrat en la Chambre du conseil, à huis clos.

Mais du moment que l'affaire s'instruisait en public, et avec la plus imposante solennité, *maximo apparatu judicii;* du moment que M. le procureur-général procédait par voie d'accusation et de réquisitoire, il semble que le droit de se faire défendre par un conseil ne pouvait pas être interdit au magistrat inculpé.

On n'aurait pu le lui défendre que dans le cas où le *sénatus-consulte*, en vertu duquel on procédait contre lui, aurait spécialement décidé que les fonctionnaires accusés, n'auraient pas le droit de se choisir un conseil. Mais ce sénatus-consulte ne renferme pas à cet égard de dérogation au droit commun. Le principe général de la défense devait donc recevoir ici, comme dans tous les autres cas, son application. Car, ainsi que l'observait judicieusement M. le premier président de Lamoignon, en discutant contre Pussort l'ordonnance de 1670 : « Le conseil donné aux accusés n'est point un » *privilége;* c'est une *liberté* acquise par le » droit naturel....... La nature enseigne à

» l'homme d'avoir recours aux lumières des
» autres, quand il n'en a pas assez pour se
» conduire , et d'emprunter des secours ,
» quand il ne se sent pas assez fort pour se dé-
» fendre. »

L'objection faité à M. Madier, que *s'il ne se
sentait pas capable de se défendre lui-même,
il n'était pas capable non plus d'exercer sa
magistrature*, n'était pas réfléchie.

M. Madier y a très-bien répondu en disant
qu'on peut être fort bon juge et n'avoir pas
toutefois le don de la parole. Il a prouvé, sans
doute, qu'il était tout à la fois bon juge et
bon orateur. Mais il n'en est pas moins vrai
que ces qualités se trouvent rarement réunies
en la même personne. Il n'en est pas moins
vrai qu'en pareille occurrence, l'homme le
plus habile est souvent troublé au point de ne
plus retrouver pour lui-même le talent qu'il
avait pour autrui (1).

Cicéron accusé par Clodius bégaya, perdit
la tête, et recourut à ses rivaux; en concluera-
t-on qu'il était *incapable* des dignités qu'il
avait exercées?

---

(1) Proprio in metu , qui exercitam quoque debilitat
eloquentiam. (TACIT. *Annal.*)

Voulez-vous un trait non moins saillant?
notre histoire va nous l'offrir.

Lisez le procès du chancelier Poyet; cet
avocat, choisi par François 1er comme l'homme
le plus éloquent du royaume, pour haranguer
le pape Clément VII; ce jurisconsulte profond
que son savoir fit parvenir du barreau à la
première magistrature; législateur lâche et
cruel, pour perdre Chabot il avait fait l'ordonnance de 1539, de manière que, sans conseil,
l'amiral ne pût pas échapper aux replis tor-
tueux de la nouvelle procédure. Mais le voilà
lui-même accusé, et voyez comme il sent sa
faiblesse......

« M. Guillaume Poyet a dit : Que ce qu'il
» dira présentement, et qu'il a rédigé par
» écrit, ne peut être sans impertinence et
» ineptie, comme fait d'un homme étant en
» captivité.... Qu'il craignait beaucoup n'avoir
» puissance et entendement suffisant.... Qu'il
» était malaisé beaucoup parler sans faillir,
» attendu que ceux qui ont été en la grâce
» de Dieu *defuerunt in linguâ*, et a allégué
» plusieurs passages de Job.... Qu'il était aisé
» de dire beaucoup de bonnes choses à per-
» sonnages savans, ayant autorité de leur état
» contre personnes affligées.... Que les gens

» du roi ne devaient prendre les paroles d'une
» personne affligée *ad rigorem*...... Que la
» langue lui avait tourné, *erat lapsus linguæ*...

» Il commence ainsi son pénultième inter-
» rogatoire : *Stupefactus fuerat hesternâ die,*
» *dùm videret bellum sibi paratum, dùm vi-*
» *deret doctissimos et eloquentissimos pug-*
» *nantes adversùs pusillum, et metus natu-*
» *ralis, et circumspectio tantorum virorum.*
» Hier j'ai été égaré, déconcerté à la vue du
» combat que je suis obligé de soutenir contre
» des ennemis instruits et éloquens, moi de-
» venu pusillanime, accablé par la faiblesse
» de la nature et par la crainte qu'inspire le
» danger de ma position. »

Dans un procès aussi mémorable que le
souvenir en est douloureux, le vertueux de
Malesherbes, ayant à opiner sur la manière
dont on devait compter les voix, demanda *un*
délai pour fixer ses idées par écrit : « Ci-
» toyens, disait-il, je n'ai pas, comme mes
» collègues, l'habitude de la parole; je n'ai
» point comme eux l'habitude du plaidoyer.
» Nous parlons sur-le-champ, sur une matière
» qui demande la plus grande réflexion. Je
» ne suis point en état d'improviser sur-le-

» champ; *je ne suis pas capable d'improviser*
» *de suite* (1)...... »

La même chose arriva en Angleterre, lorsque, vers la fin du 17ᵉ siècle, la tyrannie fit
une tentative pour abolir l'usage des conseils
des accusés. Un des grands juges, Astlhey, avocat éloquent, habile jurisconsulte, prié de
traiter cette question devant la chambre haute,
éprouva un embarras tel, qu'après avoir bal-
butié quelques mots, il fut obligé de s'interrompre et de s'arrêter. Revenu à lui et pressé
de parler : « Mylords, dit-il, si moi qui suis
» innocent et libre, je me vois interdit en par-
» lant devant vous; comment donc pourra se
» justifier seul l'accusé qui tremble pour sa
» vie? »

J'en dis autant du fonctionnaire inculpé qui
tremble pour son honneur. Je le repète, l'é-
preuve d'un refus de conseil a été faite sur un
homme en qui s'est trouvée une force de tête
et d'éloquence qu'on ne soupçonnait pas, et
qui lui a même permis d'atteindre plus haut
que n'eussent visé ses conseils : mais ne peut-il
pas arriver qu'elle se renouvelle sur des hom-

---

(1) Extrait du Moniteur.

mes moins fortement organisés ? De tels précédens ne peuvent-ils pas, à la longue, tourner
contre ceux-là mêmes qui ont le plus contri-
bué à les introduire ? Il faut donc toujours favoriser la défense ; et quelque éminent que
l'on soit, craindre de s'entendre dire quelque
jour, comme à Poyet : *Patere legem quam
ipse tuleris.*

Je n'ajouterai plus qu'une réflexion qui se
rattache au choix d'un conseil, et à la nécessité de suppléer à la faiblesse des accusés par
la force de ceux qu'on leur donne pour les assister.

En matière civile, un mineur doit toujours
être assisté de son tuteur ou curateur. Pourquoi n'en serait-il pas de même au criminel ?
le péril est plus grand, et l'intérêt plus grave.
La loi, lorsque l'accusé est âgé de moins de 16
ans, veut que l'on pose *la question de discernement*; mais ce discernement qu'on exige pour
qu'il y ait eu crime, est nécessaire aussi pour
reprocher des témoins, déjouer une accusation, et se défendre avec succès. *Tutor cons-
tituitur ad tuendum eum qui propter ætatem
ipse se sponte defendere nequit. L.* 1. *ff. de
Tutelis.*

§ 10.

*Communication de l'Accusé avec son Conseil ; —
Communication de la procédure, et du Secret de
l'Instruction.*

Il arrive quelquefois qu'un prévenu ou un
accusé, même sans être au secret, et quoiqu'il
ait la faculté de communiquer avec ses parens
ou des étrangers, n'a pas encore celle de communiquer avec son conseil. C'est ce que j'ai vu
singulièrement pratiquer dans l'affaire des trois
Anglais. On leur permettait de voir leurs compatriotes et quelques Français de leur connaissance, tandis qu'il était encore interdit à leur
avocat de les voir et de converser avec eux.

Et même après que ce conseil a pu pénétrer
dans leur prison, il ne lui a pas été permis de
prendre communication de la procédure.

Les trois prévenus ne pouvaient concilier ce
double refus avec les idées que la législation
de leur pays avait fait naître en eux, sur la
liberté qu'a toujours un prisonnier de communiquer librement avec qui bon lui semble ;
et de prendre connaissance, en tout état de
cause, des charges produites contre lui.

Pour leur expliquer la législation ou plutôt

la pratique de France, et leur rendre compte en même temps de mes démarches, et du peu de succès qu'elles avaient obtenu, je fus obligé de leur écrire. J'extrais ce qui suit de ma lettre du 2 février 1816, imprimée parmi les pièces de leur procès (1).

L'article 302 du Code d'instruction criminelle, dit que « le conseil pourra communiquer avec l'accusé après son interrogatoire. —Il pourra aussi prendre communication des pièces, sans déplacement et sans retarder l'instruction. »

« Fort de cette disposition de la loi, j'ai demandé cette communication ; je l'ai demandée à diverses reprises, mais elle m'a été refusée.

» A cet égard, je dois de suite vous certifier que ce refus n'a rien qui puisse vous faire croire que M. le juge d'instruction (2) y ait mis de la mauvaise volonté.

---

(1) Procès des trois Anglais, Wilson, Bruce et Hutchinson ; 1 vol. in-8°, 2ᵉ édit., pag. 199 et suivantes. Paris, Guillaume.

(2) M. Dupuy, aujourd'hui président de l'une des Chambres du tribunal de première instance de la Seine.

» Au contraire, il me serait impossible de vous peindre la bienveillance avec laquelle il a écouté mes demandes, si vous ne saviez par vous-mêmes à quel point vous êtes personnellement satisfaits des égards qu'il vous a témoignés dans ses relations avec vous.

» Mais ce magistrat, après en avoir conféré avec M. le procureur du Roi, a pensé que l'article 302 se trouvant placé dans le chapitre intitulé *de la procédure devant la Cour d'assises*, n'était pas applicable à l'espèce où vous vous trouvez. En effet, m'a-t-il dit, lorsque l'accusé est renvoyé devant la Cour d'assises, l'instruction est *complète* et rien ne s'oppose plus à la communication ; mais tant que l'instruction n'est pas terminée, la communication ne peut avoir lieu *sans danger*.

» J'ai reçu cette décision avec le respect que m'inspirent toujours les décisions judiciaires, alors même qu'elles ne portent pas la conviction dans mon esprit, et j'avoue que celle-ci est du nombre. Voici mes raisons :

» 1°. La preuve qu'il n'est pas nécessaire que l'instruction soit complètement terminée pour que la communication des pièces ait lieu, résulte de ces mots : *Sans retarder l'instruction;* car on ne retarde pas une instruction lorsqu'elle est faite, mais seulement lors et pendant qu'elle se fait. La loi a donc voulu que la communication des pièces fût accordée au conseil, même *pendant l'instruction* , à la charge seulement *de ne pas la retarder :* ce qui veut dire qu'il ne doit prendre communication qu'aux heures indiquées par le magistrat.

» 2°. Cette première observation en amène une seconde : c'est que la communication autorisée par l'article 302 doit avoir lieu avant le renvoi à la Cour d'assises, et non pas seulement après ce renvoi prononcé ; car il n'est jamais prononcé qu'après que l'instruction est terminée, et nous venons de voir que la loi autorisait la communication durant le cours de l'instruction, pourvu que ce fût sans la retarder.

» 3°. Un autre argument se tire de ce que ce même article 302 dit que « le conseil » pourra communiquer avec l'accusé après » son interrogatoire. » Ce serait donc après l'interrogatoire devant la Cour d'assises, puisque telle est l'interprétation donnée à la seconde partie de cet article ; et pourtant il est certain que la communication du conseil avec l'accusé a communément lieu avant que le ren-

7

voi à la Cour d'assises ne soit prononcé. Pourquoi donc la 2ᵉ partie de l'article 302 s'inter-
prêterait - elle moins favorablement que la
première?

» 4°. Aucune disposition semblable à celle
de l'article 302, ne se trouvant répétée sous
les titres où il est parlé de la procédure à suivre soit devant les tribunaux correctionnels,
soit devant les cours spéciales; si l'on admet-
tait que cet article ne reçoit d'application que
devant les cours d'assises, il en faudrait donc
inférer que devant les autres cours ou tribunaux, les prévenus ou accusés n'ont pas le
droit de communiquer avec un conseil, et que
ce conseil n'a pas droit de prendre communication des pièces; et pourtant, chacun sait
qu'il n'est pas de tribunal où cette double
communication ne soit autorisée. Elle a lieu
devant les tribunaux militaires, les plus sévères et les plus expéditifs de tous. Comment
donc n'aurait-elle pas lieu en matière simplement correctionnelle? Le *danger* qu'on redoute dans la communication, n'existe pas :
c'est une facilité donnée à l'accusé pour se
justifier; et la justice ne peut jamais regarder
comme *dangereux* à la société ce qui aide à
la justification d'un accusé.

» 5°. L'accusé n'a pas seulement intérêt à se défendre devant le tribunal correctionnel ou devant la Cour d'assises : il a un premier intérêt, celui d'éviter même d'y être traduit. C'est pour cela que l'article 217 autorise le prévenu à présenter des mémoires à la chambre d'accusation pour démontrer qu'il ne doit pas être mis en jugement. Or, comment son conseil dressera-t-il un mémoire justificatif, s'il n'a pas acquis par la communication des pièces la connaissance des charges produites contre son client?

» 6°. La loi est sage. Elle a réuni dans un même article la permission de communiquer avec l'accusé et la permission de prendre communication des pièces, parce que, sans cette dernière permission, la première est illusoire. Et de fait, de quelle utilité peut être pour l'accusé un conseil qui, ne pouvant s'instruire de la vérité des faits, est réduit à des colloques qui ne sont remplis que par des hypothèses, des conjectures et des confidences presque toujours inexactes ou incomplètes. Tandis que s'il avait vu les pièces, il pourrait faire marcher la défense de front avec l'attaque. C'est pourtant ce qu'a voulu la loi; elle a bien senti que le premier besoin d'un prévenu était un

7*

conseil, comme le premier besoin d'un malade
est d'appeler un médecin ; mais de même que
le médecin ne peut donner des remèdes efficaces qu'autant qu'il connaît l'origine, le cours
et les accidens de la maladie, de même un
avocat, quelqu'habile qu'il soit, ne peut donner à son client aucun conseil utile, s'il ne
sait pas au juste quel est le sujet de l'accusation.

» Je conclus de-là que la communication
des pièces doit m'être accordée. Je prendrai
cette communication *sans déplacement*, aux
jours et heures qui me seront indiqués par le
juge ; en un mot, et comme le dit la loi, *sans
retarder l'instruction ;* mais je n'en suivrai pas
moins ses progrès, afin d'être à portée de faire
toutes les réquisitions légitimes que votre intérêt me paraîtra commander.

» Si, au contraire, cette communication
m'est refusée, je me trouverai dans la fâcheuse
nécessité d'attendre dans mon cabinet, pendant que vous attendrez dans votre prison, le
moment de vous défendre avec le dévouement
que m'inspire la conviction que vous n'êtes
coupables d'aucun fait qui soit qualifié délit par
nos lois. »

Le prétexte à l'aide duquel on colore ce refus de communiquer avec la personne et de prendre communication des pièces, est que *l'instruction doit être secrète.*

Telle était sans doute l'ancienne règle ; mais elle ne me paraît pas avoir survécu à l'abolition de l'ordonnance de 1670.

Les décrets de 1789 avaient si peu voulu que l'instruction fût secrète, que celui du 9 octobre donné *pour la réformation de quelques points de la jurisprudence criminelle,* prescrivait aux municipalités de nommer des *notables* pour assister sous le titre d'adjoints à l'instruction des procès criminels. D'après l'article 6, ces adjoints étaient tenus de faire au juge instructeur les *observations à charge et à décharge* qui leur paraîtraient nécessaires.

Le législateur de cette époque n'avait vu là, comme l'indique le préambule du décret, « qu'une précaution qui, sans subvertir l'ordre de procéder, devait rassurer l'innocence et faciliter la justification des accusés, en même temps qu'elle honorerait davantage le ministère des juges dans l'opinion publique. »

Plus tard, on n'a pas maintenu la nécessité de l'intervention des *adjoints;* mais ce n'a pas été dans l'intention que la procédure redevînt obscure, ténébreuse, *secrète* en un mot. On

n'a pas voulu se départir de cette base salutaire, *qu'il fallait rassurer l'innocence et faciliter la justification des accusés.*

Nos lois subséquentes ont conservé le principe, que l'instruction devait être faite *à charge
et à décharge.* Or, comment se fait-elle à
charge? En déployant de la part des juges
d'instruction et des procureurs-généraux,
toute l'activité de leur caractère, pour rassembler les indices du crime et les preuves de culpabilité. Comment pourrait-elle se faire à décharge? En déployant de la part du prévenu
une activité semblable, sinon par lui-même
puisqu'il est et doit être détenu, au moins par
son conseil. Mais, s'il est au secret, si on lui
interdit de prendre un conseil et de conférer
avec lui avant que l'instruction ne soit parve-
nue à son terme, si avant la même époque et
en supposant qu'il lui ait été permis de communiquer avec un conseil, il n'est pas permis
à ce conseil de prendre communication des
charges, comment empêchera-t-il la prévention de se former? Comment donnera-t-il au
juge les indications nécessaires pour opérer à
décharge aussi bien qu'à charge? La partie civile est bien reçue à prendre cette communication; elle s'associe à la poursuite; le minis-

tère public l'admet comme auxiliaire : pourquoi
cette faveur accordée à la *plainte*, serait-elle
refusée aux gémissemens du prisonnier ? Pourquoi la défense ne serait-elle pas ici mise à
portée de se faire entendre à côté de l'accusation ?

Est-elle donc abrogée, cette loi du règne de
Louis XVI, portant que « tout citoyen décrété
» de prise de corps, pour quelque crime que
» ce soit, aura *le droit* de se choisir un ou plu-
» sieurs conseils, avec lesquels il pourra *con-*
» *férer librement en tout état de cause*, et l'en-
» trée de la prison sera toujours permise aux-
» dits conseils ? » (*Décret du 9 octobre 1789,*
art. 10.)

Mais, diront quelques procureurs-généraux,
si on laisse ainsi pénétrer les conseils près de
l'accusé, ils lui indiqueront les moyens de se
justifier ; si on leur permet de présenter des
défenses *ab ovo*, ils étourdiront le juge de la
prétendue innocence de leurs cliens ; et, à les
entendre, il n'y en aura pas un qui puisse être
mis en accusation. — Ce raisonnement ressemble
merveilleusement au mot de ce capitaine suisse
qui, chargé après une bataille de faire enterrer
les morts, faisait jeter tous les corps pêle-
mêle dans une large fosse ; et qui, sur l'obser-

vation que plusieurs donnaient encore signe
de vie, répondit : Bah! si on voulait les croire,
il n'y en aurait pas un de mort.

L'humanité commande plus de ménagemens
à ceux qui enterrent et à ceux qui jugent.

D'ailleurs, la loi précitée a pourvu au danger
des suggestions, en disant que « le conseil de
» l'accusé aura le droit d'être présent à tous
» les actes de l'instruction, *sans pouvoir y par-*
» *ler au nom de l'accusé, ni lui suggérer ce*
» *qu'il doit dire ou répondre.* » (Décret du 9
octobre 1789, art. 18.)

Une preuve enfin que la loi actuelle ne prescrit pas aux juges de garder ce mystérieux secret de l'instruction ; la preuve qu'elle ne leur
défend pas d'instruire *à découvert,* c'est qu'il
y a des exemples, et même très-récens, de
conseils admis à assister leurs cliens dans l'instruction.

Je puis citer, pour mon compte, l'affaire
suscitée en 1820, à M. le duc de V***, pour
attaque contre la personne et l'autorité constitutionnelle du roi, par lui prétendue com-
mise en publiant un fragment de ses instructions diplomatiques au congrès de Châtillon.
J'avais l'honneur d'être son conseil, et il me
fut permis, en cette qualité, d'assister à son in-

terrogatoire; je n'ai eu occasion d'y relever aucune irrégularité; mais enfin, j'ai été témoin de ses nobles réponses, et j'ai pu me convaincre par mes yeux, dans l'intérêt de mon client, que tout s'était passé dans les formes.

Il est vrai qu'on a jugé ensuite, qu'il n'y avait pas lieu à accusation; mais ce résultat ne prouve rien contre l'exemple, ni contre l'opinion que j'émets ici.

On objectera peut-être qu'il arrive une époque où copie des pièces doit être notifiée à l'accusé.

Mais cela ne résout pas la difficulté, puisque cette copie n'est jamais délivrée qu'après que l'instruction est totalement terminée, et, pour ainsi dire, à la veille de l'audience.

D'ailleurs, l'article 305 porte que « il ne » sera délivré gratuitement aux accusés, *en* » *quelque nombre qu'ils puissent être, et dans* » *tous les cas,* qu'UNE SEULE COPIE des procès- » verbaux constatant le délit, et des déclara- » tions écrites des témoins (1). »

Ainsi, y eût-il cinquante accusés, il faut que

---

(1) D'après l'art. 326 du Code des délits et des peines de brumaire an 4, copie devait être délivrée gratis *à chaque accusé.* Adde Loi du 29 frimaire an 8.

les cinquante avocats, chargés de les défendre, se morfondent sur la même copie !

A la vérité, l'art. 3o5 leur permet de prendre ou faire prendre, *à leurs frais*, copies de telles pièces qu'ils jugeront utiles à leur défense; mais la difficulté reste entière, si, comme il arrive le plus souvent, l'accusé n'a pas de quoi fournir à ces frais.

Dans le procès qui s'instruit en ce moment à la Cour des pairs, dans l'affaire connue sous le nom de *Conspiration du* 19 *août*, la Cour a eu l'attention de faire distribuer une copie complète des pièces, par cinq accusés ; on a également distribué à tous les défenseurs un acte d'accusation imprimé avec de belles marges, pour faciliter les annotations. Mais cette munificence est du juge, et non de la loi, c'est une très-louable application de cette maxime : *Quod legibus omissum est, non omittetur religione judicantis. L.* 13 *ff. de testibus.*

CHAPITRE V.

De l'Accusation.

—◦—

§ 1.

Des Accusations en général.

Rendons hommage à la noblesse des fonctions du ministère public ; organe de la société, il poursuit en son nom les offenses qui lui sont faites ; il les poursuit avec activité, mais sans passion ; avec courage, mais sans acharnement ; il fait la sécurité des bons citoyens, et la terreur des malveillans (1).

Rien de plus beau qu'un tel ministère, lorsqu'il est rempli dans toute son étendue, sans colère et sans faiblesse, avec fermeté, sagesse et bonne foi.

Mais, si le premier devoir du ministère pu-

---

(1) Sontibus undè tremor, civibus undè salus.

blic est de ne laisser aucun crime impuni ; son devoir aussi est de ne pas montrer une sollicitude tellement inquiète, qu'elle dégénère en tourment pour les citoyens. S'il ne faut pas qu'on puisse alléguer l'impunité, il ne faut pas non plus que personne puisse se plaindre de vexation ; il ne convient pas que la société soit agitée par le pouvoir qui doit la raffermir, ni qu'un magistrat trop susceptible de se laisser prévenir, lui communique inconsidérément tous les ébranlemens qu'il reçoit de la mobilité de son caractère ou de son imagination.

Il ne faut pas accuser légèrement ; car une accusation mal fondée a toujours l'inconvénient, ou de compromettre le sort d'un innocent si elle réussit, ou de compromettre l'autorité si elle échoue.

Il résulte des états que le gouvernement a fait publier, des jugemens rendus par les Cours du royaume, depuis 1813 jusques et compris 1818, que les acquittemens ont été dans la proportion d'un sur trois. Ainsi, pendant ce laps de six années, sur 53,836 individus mis en jugement, 36,071 ont été condamnés à différentes peines, et 17,765 ont été acquittés.

Voilà donc, en six ans, près de 18,000 personnes qu'on doit supposer avoir été mal à propos accusées , par la même règle qui veut qu'on admette que les 36,000 autres ont été justement condamnées !

Cette proportion est effrayante ; elle prouve que les accusations ont été trop multipliées.

Mais, c'est surtout en matière politique que les accusations ont besoin d'être plus réfléchies, et de n'être point trop légèrement hasardées.

Elles n'ont pas seulement, comme les accusations ordinaires, l'inconvénient suffisamment grave par lui-même, d'exposer aux chances d'un jugement un citoyen qu'on aurait dû laisser en repos ; mais elles aigrissent les esprits ; elles arguent le pouvoir d'injustice ou de maladresse ; elles l'accusent d'avoir agi par passion, ou manqué de prévoyance et de discernement.

Ces accusations, dans ce qu'elles ont de téméraire, vont presque toujours contre leur but. On a voulu perdre un citoyen ; et d'obscur qu'il était, on en fait un personnage ; à peine sorti de prison, il est accueilli par les acclamations du public ; son nom demeure gravé dans toutes les mémoires ; il devient *historique.*

On a voulu déployer de l'autorité ; et comme elle a échoué , il ne reste que la faiblesse qui suit d'impuissans efforts.

Tel ouvrage n'eût jamais été lu que d'un petit nombre de lecteurs , pour lesquels même il eût été sans danger; et l'on en fait un livre populaire, par le soin qu'aura pris le ministère public d'en extraire ce qu'il renferme de saillant , par l'empressement des journaux à le répéter , et l'imprudence des condamnations mêmes, qui auront prescrit l'affiche du jugement qui reproduit les textes proscrits (1).

En matière de délits de la presse , j'affirmerais presque qu'il n'est pas un procès où le gouvernement n'ait plus perdu par les débats , qu'il n'a gagné par le jugement.

Qu'est-ce donc lorsque l'accusation est suivie d'un acquittement complet ?

On voulait faire condamner une doctrine comme perverse; et l'arrêt qui absout l'auteur accrédite cette même doctrine, puisqu'il la déclare innocente !

A plus forte raison , si l'accusation s'attaque à des écrits , à des faits , à des actes pour lesquels l'opinion s'est ouvertement déclarée ; à des

---

(1) La persécution illustre un faible ouvrage ;
Il est recommandé par la voix qui l'outrage ;
Et tel livre, à la gloire, aujourd'hui parvenu ,
Sans l'avocat du roi n'eût pas été connu.

(*Em. Dupaty.*)

hommes qu'elle honore, et qu'elle a distingués.

C'est ainsi qu'en moins d'un an, on a vu un professeur, un académicien, un archevêque, et les honorables auteurs de la souscription nationale, successivement accusés et successivement acquittés *cum plausu!*

Il me semble qu'en pareil cas, avant de se décider à accuser, il faudrait qu'il fût si évident qu'il y a crime ou délit, que l'autorité ne fût pas exposée à de tels désappointemens.

Il ne faut pas que les amis du gouvernement en usent avec lui comme l'Ours avec l'Amateur des jardins. Autrement on leur appliquerait la moralité de la fable :

> *Rien n'est plus dangereux qu'un ignorant ami ;*
> *Mieux vaudrait un sage ennemi.*

Ayrault a un sommaire, *des crimes qu'il ne faut point remuer;* et il en donne cet exemple, p. 118 : « Après la mort de Lysander, on trouva » dans ses papiers une Oraison qu'il avait com- » posée, pour persuader que les rois de Sparte » fussent *élus, et qu'on n'y vinst plus par* » *succession.* Les Éphores voulaient accuser » sa mémoire : mais Cratides l'empescha fort » sagement: Car (dit-il), il vaut mieux sup- » primer cela que d'en faire mention mal à » propos. »

§ 2.

Des Actes d'accusation.

« La chance a bien tourné, dit Ayrault,
p. 306 ; ce qui estait anciennement tout le
premier, est aujourd'hui la plus dernière pièce
d'un procès criminel, savoir est, le libelle
d'accusation : si bien qu'il faut que l'accusé
réponde, premier qu'il sçache dont on l'accuse. D'où vient cela ? vient-il des Goths ? non ;
car il appert par le XIIIe article de l'edict de
Théodoric, qu'ils suivaient encore l'ancienne
façon des Romains. Vient-il d'un vieil stile de
noz majeurs ? rien moins. Car j'ai eu en main
les registres et procédures criminelles faites
l'an 1482, où j'ai observé qu'à toutes les informations est attaché le libelle contenant tout
ce qu'y désire le jurisconsulte en la loi *Libel-
lorum*, au digeste *de accusationibus* (1). Il en
fut ainsi jusqu'à l'ordonnance de 1539.... Ç'a
doncques été monsieur le chancelier Poyet,
qui a introduit cette façon que nous tenons.

---

(1) Cette loi exige qu'on désigne avec soin, dans le
libelle d'accusation, les *personnes*, le *temps*, le *lieu*,
et toutes les *circonstances*.

L'instruction, certes, qui estait contre les plus
crimineux de lèze-majesté, il l'a appliquée à
tous crimes : que l'accusateur ne baille ses
faits pour y répondre et ne die à quoi il tend,
qu'après les preuves ! Que dirait Cicéron, s'il
vivait ? il dirait ce qu'il reproche à Verrès,
comme une des plus grandes cruautés et inhu-
manités qui se puisse trouver : *Quid injustius,
quid calamitosius insimulatione* REPENTINA ?

« Aujourd'hui, sitôt qu'il y a décret contre
un homme, tant honnête soit-il, le voilà in-
continent accusé. S'il est en état (c'est-à-dire
en prison), lui voilà les mains liées jusqu'à ce
qu'il se soit justifié ; le voilà en telle condition
qu'il est permis de l'accabler de toutes parts,
et pour une faute qu'on lui met sus, *le rechercher dès sa jeunesse* (1). Or, bien qu'il
soit véritable que sous les empereurs, *à mesure que la liberté dépérissait peu à peu*, et
que les crimes aussi véritablement pullulaient,
*on a commencé à être moins scrupuleux ès-so-
lennités de la justice ;* tenir plus de rigueur
aux accusés et les déférer de plusieurs crimes
tout à la fois ; si est pourtant que la rigueur

---

(1) Les procureurs généraux font souvent fonction de
biographes.

ne fût jamais telle (sinon qu'il fût question de crimes touchant l'Estat), qu'ils ne sussent premièrement sur quoi on les voulait interroger. (*page* 309.)

..... » C'est véritablement couper la gorge à l'accusé que de luy tenir secret ce dont on le veut accuser, jusques à l'instant qu'on lui amène témoins..... (*page* 307.)

..... » La façon ancienne (de commencer par communiquer à l'accusé le libelle de l'accusation), était plus douce et plus équitable. » (*page* 308.)

Actuellement l'acte d'accusation n'est rédigé qu'après l'instruction terminée ; et il n'est signifié à l'accusé que *vingt-quatre heures* avant sa translation de la maison d'arrêt dans la maison de justice établie près la cour où il doit être jugé. (*Cod. d'instr. crim., art.* 243.) Cette pratique a tous les inconvéniens reprochés par Ayrault à la forme usitée de son temps.

§ 3.

Des Faits généraux.

On a nommé ainsi, dans l'affaire des troubles réciproques du mois de juin , un long narré de l'acte d'accusation destiné à servir d'introduction aux faits particuliers qui faisaient et devaient seuls faire la matière de l'accusation.

La même méthode à peu près a été pratiquée dans l'affaire des sieurs Goyet (de la Sarthe) et Sauquaire-Souligné : ce dernier a même donné une épithète assez piquante à cette partie de l'accusation, en la désignant sous le titre de *prologue judiciaire* , qui n'excluait pas l'idée que l'accusation fût une *fable*.

M. Guizot, dans son ouvrage *de la justice politique* , a un chapitre spécial sur cet emploi *des faits généraux* dans les accusations.

Il montre que cette tactique n'est pas nouvelle ; elle fut pratiquée par Jefferies dans le procès de Sydney : « Elle l'a été, dit-il , dans tous les temps par la tyrannie, quand, ne pouvant trouver le crime dans les hommes qu'elle redoutait, elle est allée le chercher partout pour y placer ensuite ces hommes. »

8*

M. Guizot montre l'étrange abus de cette manière de procéder, il en signale les dangers; il s'en effraye, il redoute l'analogie du présent avec le passé.

— « Eh quoi! s'écrie-t-il, à la moindre apparition de l'esprit révolutionnaire, on nous menace de ses plus furieux excès; on nous dit que rien n'en peut sauver, ni les institutions, ni le talent, ni le courage ; et l'on ne veut pas que les symptômes de la justice révolutionnaire nous inspirent les mêmes terreurs! On ne veut pas que les faits généraux, les poursuites intentées à raison non des actes, mais des personnes, toutes ces pratiques des temps sinistres nous révèlent dès aujourd'hui ce qu'elles portent dans leurs flancs ! »

M. Guizot a raison. En matière criminelle, il n'y a pas de *faits généraux*, tout doit être précisé ; c'est un drame dont l'action est circonscrite dans ce qui a directement rapport à un fait positif, à des acteurs déterminés. Là chaque personnage doit être jugé sur ses propres actes, et non sur les faits généraux dans lesquels on aurait essayé de les encadrer. Nous conviendrons donc volontiers avec lui que « de tous les moyens par lesquels la justice peut être pervertie, l'intervention des faits généraux est un des plus dangereux. Elle substitue les considérations vagues aux motifs légaux, les inductions aux preuves; elle dénature la situation des accusés pour les plonger dans une atmosphère obscure et douteuse, où, de moment en moment, il devient plus difficile de démêler la vérité en ce qui les touche; Elle caractérise enfin cet *envahissement de la justice par la politique*, symptôme assuré de la présence du despotisme ou de l'approche des révolutions. »

Le Code d'instruction criminelle indique ce que devra contenir l'acte d'accusation.

« Il exposera 1° la nature du délit qui forme la base de l'accusation; 2° le fait et toutes les circonstances qui peuvent aggraver ou diminuer la peine; 3° le prévenu y sera dénommé et clairement désigné (*art.* 241). »

Ainsi rien ne doit être généralisé, tout au contraire doit être particularisé. La nature du délit, la personne de l'accusé, le fait, le fait précis sur lequel s'appuie l'accusation; et, quant aux circonstances, celles-là seulement qui peuvent aggraver ou diminuer la peine, c'est-à-dire, toujours des circonstances qui se rattachent directement à la personne et à la conduite de l'accusé, puisqu'il est évident que des *faits généraux*, qui lui sont étrangers par cela seul qu'ils ne sont pas des *faits personnels*, ne peuvent ni aggraver ni diminuer son crime.

Ici le mal vient de l'homme et non de la loi. Il ne faut pas demander le remède au législateur, mais au gouvernement et au magistrat.

Nous venons de voir que le devoir de l'accusateur, et de celui qui dirige l'accusation, est de circonscrire l'accusation dans les faits personnels à l'accusé et dans les circonstances qui se rattachent évidemment à l'action qui lui est imputée à crime, soit qu'elles l'aggravent, soit qu'elles l'atténuent ; mais si, de fait, le ministère public a introduit dans la cause des *faits généraux*, et qu'il les ait consignés dans l'acte d'accusation, comme propres à accréditer cette accusation ; doit-il être interdit à l'accusé de suivre son adversaire sur ce terrain et d'expliquer à son avantage ces mêmes faits ? — Sans doute on n'aurait pas dû les lui opposer ; mais enfin ils ont été mis en avant ; laissera-t-on l'accusé sous le coup de leur influence ? lui sera-t-il défendu de la conjurer, et d'effacer, par ses explications qui, dans ce cas, ne seront que des réponses, la mauvaise impression qu'ont pu faire sur le jury ces faits généraux destinés à aggraver l'attaque ?

Voici ce qu'on a vu pratiquer à cet égard dans l'affaire des troubles de juin.

L'acte d'accusation embrassait, sous le titre de *faits généraux*, tous les événemens antérieurs au 6 juin. C'était le *prologue* de l'accusation. Les faits personnels aux accusés se concentraient ensuite plus particulièrement sur les événemens du 6. Tous les accusés avaient été acquittés par un premier jury, à l'exception de Duvergier que son état de souffrance avait obligé de retirer du débat. A quelque temps de là, on a repris son affaire. Dans l'intervalle, *la théorie des faits généraux*, déjà combattue par les défenseurs des autres accusés, avait encore été attaquée par plusieurs écrivains distingués, par plusieurs députés à la tribune, et, il faut le dire, elle avait été réprouvée par l'opinion unanime du barreau et de tous les gens éclairés.

Du reste, les explications précédentes, les lumières acquises par les débats du premier procès, avaient démontré que, dans l'affaire dont il s'agit, ce retour aux faits antérieurs au 6 juin, loin de nuire aux accusés des troubles du 6, comme se l'était proposé l'accusation, leur offrait au contraire de puissans moyens de justification. On voulut interdire à Duvergier la faculté de faire porter les débats sur l'ensemble des faits présentés par l'acte d'accusation.

L'incident est ainsi rapporté dans les journaux du 25 mars 1821 :

« On passe à l'audition des témoins à décharge.

» M. Clausel de Coussergues.....

» Me Blanchet : Le témoin n'aurait-il pas des renseignemens à donner sur les insultes faites aux Députés ?

» M. le Président : Le sieur Duvergier n'est mis en accusation que pour raison des faits du 6 juin. Les faits antérieurs sont étrangers à l'accusé et à l'accusation ; ils ne doivent donc pas être soumis aux débats, et je ne ferai pas la question au témoin.

» Duvergier : On ne peut apprécier les faits qu'après avoir examiné les causes. Il faut donc discuter les faits antérieurs au 6 juin, si l'on veut connaître la nature de ceux qui ont eu lieu ce jour-là. Avant le 6 juin, la représentation nationale avait été outragée par les gardes-du-corps. Il convient de rechercher si les insultes faites aux députés ne furent pas l'unique cause des événemens postérieurs, et si les véritables coupables ne sont pas plutôt ceux qui sont restés impunis, que ceux qui ont été traînés dans les cachots.

» M. le Président persiste dans sa détermination de ne pas souffrir que les débats portent sur les faits antérieurs au 6 juin.

» Duvergier : Je déclare que je renonce à ma défense, si elle est restreinte par la Cour.

» Mᵉ Blanchet prend les conclusions suivantes :

» Attendu que l'acte d'accusation énonce et développe une double série de faits, des faits généraux et des faits particuliers : qu'il signale les faits généraux comme devant servir à caractériser les faits particuliers qui n'en seraient que la conséquence ;

» Attendu que, dans l'intérêt de la défense, il importe de repousser les inculpations générales dirigées contre les attroupemens ; que le seul moyen d'y parvenir est de remonter à leur cause ;

» Attendu que, si l'accusation croit découvrir dans de prétendus complots, dans de prétendus projets de rébellion, la cause de ces attroupemens ; la défense a le droit de les chercher dans les faits antérieurs au 6 juin, qui auraient provoqué le concours et les réunions de citoyens ;

» Attendu que pour apprécier la moralité
d'un fait et éclairer la conscience des jurés,
il est nécessaire de leur faire connaître les antécédens et quelquefois les subséquens de ce
fait; que cette nécessité a été sentie par le législateur, qui, par les art. 321 et suivans du
Code pénal, punit de peines moins graves les
auteurs de délits provoqués, que les auteurs
de délits spontanés;

» Ordonner que M. Duvergier sera admis à
faire la preuve des faits antérieurs à la journée
du 6 juin.

» M. Vatisménil soutient qu'il n'y a pas
même lieu de rendre arrêt sur ces conclusions;
que M. le Président, qui est *maître des débats*,
a le droit d'en exclure les faits qui lui paraissent étrangers, soit à l'accusation, soit à la
défense.

» Duvergier fait de nouvelles observations
pour établir qu'il a le droit de faire entendre
des témoins sur tous les événemens du mois de
juin.

» M. le Président répond à ces observations,
et continue de ne vouloir pas permettre que
l'on sorte des faits du 6.

» Duvergier : L'acte d'accusation impute
les événemens de juin au parti constitutionnel.

Je veux établir qu'ils ne sont imputables qu'à la faction opposée. Si j'étais accusé d'assassinat, pourrait-on m'empêcher d'établir que le véritable assassin est précisément celui qui m'a dénoncé et qui me poursuit? Je demande, au reste, que la Cour prononce sur les conclusions qui ont été déposées par mon avocat.

» M. Vatisménil : Je m'oppose à ce que la Cour prononce. Le pouvoir de M. le président suffit.

» Mᵉ Blanchet : Je demande acte du dépôt de mes conclusions.

» La Cour se retire pour délibérer.

» Elle rentre dans la salle d'audience, et M. le président prononce un arrêt par lequel il est décidé qu'il n'y a pas lieu, de la part de la Cour, à statuer sur les conclusions.

» M. le président déclare ensuite qu'il renfermera strictement les débats dans les faits du 6 juin.

» Duvergier : Respectant l'arrêt de la Cour et la décision de M. le président, je déclare renoncer à ma défense et à faire entendre les témoins à décharge. Je voulais signaler les véritables criminels; je voulais dévoiler à la justice les hommes qui se sont rendus coupables

des excès commis sur M. Chauvelin et sur
plusieurs autres députés ; je voulais demander
à être conduit à l'hôtel des gardes, pour désigner les auteurs de ces excès dont j'aurais
révélé les motifs secrets. Je me tairai puisque
la Cour l'exige.

» M. le président : La Cour n'exige pas
que vous vous taisiez.

» Duvergier : Elle restreint ma défense, et
je garderai le silence. Je laisse le champ libre
à l'accusation. »

Je me borne à une seule question : Était-il
juste, lorsque l'accusation comprenait des
faits généraux, d'obliger l'accusé à se renfermer strictement dans les faits particuliers ?

CHAPITRE VI.

Des Débats.

§ 1.

Publicité des Débats ; — Police de l'Audience.

A Rome, tous les procès criminels se ju-
geaient en public. Le peuple croyait de son
intérêt de savoir comment on jugeait. *In ple-*
risque judiciis, credebat populus romanus suâ
interesse quid judicaretur. (Dial. de clar.
Orat.)

Et qu'on ne dise pas que cette publicité
qui plaisait aux républiques, ne peut convenir aux monarchies! Un lieutenant criminel
qui écrivait sous Charles IX, justifie cet intérêt du peuple par des motifs également
applicables à toutes les formes de gouvernement.

« Le public, dit-il, a intérêt de savoir en
quelle réputation l'accusé et l'accusateur s'en

vont de devant les juges. Cela est nécessaire au commerce, aux mariages, aux successions, aux honneurs. Tout homme qui est absous, n'est pas honorablement, ni absolument absous; et tout demandeur qui perd sa cause, ne la perd pas honteusement, ni à fond de cuve. Il y a quelquefois de la honte à gagner et de l'honneur à perdre ; qui a obtenu, se trouve plus scandalisé, et tous les juges, que sa partie qui a perdu. Comment s'apprend cela? Est-ce en imprimant et publiant le procès, quand il est fait? Non, ce n'est plus que de l'encre. Mais, où qui veut est spectateur; on voit à bon escient si l'accusé est renvoyé *beneficio legis*, *an innocentiâ* ; si par collusion et tergiversation, ou de bonne guerre; si par connivence et corruption des juges, où justement. De façon que tel est absout par sentence, qui demeure néanmoins couché en de beaux draps : et quelque jugement qui intervienne, il est très-difficile que des parties ne soient toujours connues pour *tels qu'ils sont*, et non pour *tels qu'on les prononce.* »

— Ayrault signale encore d'autres avantages attachés à la publicité des débats criminels; et je profite de ce qu'il était *magistrat*, et *écrivant sous un gouvernement absolu*, pour trans-

crire ici quelques-unes des raisons qu'il apporte à l'appui de son sentiment.

« L'audience (dit-il, page 533) est la bride
des passions : *c'est le fléau des mauvais juges*.
Qui est-ce qui ne les sifflerait, si publique-
ment ils faillaient ?.... Certainement il est
aisé au magistrat qui lui seul sait le secret
d'un procès, d'en faire accroire aux parties et
au peuple ce qui lui plait; aisé de pallier sa
cupidité et injustice. Mais quand l'auditoire
participe à tout le fait, il juge aultrui ; mais à
l'instant aussi ses actions sont louées ou condamnées sans appel. »

(Le magistrat qui juge, à son tour est jugé.)

« Qui contient donc plus ce juge, que cette
peur et honte d'être blâmé ? »

« Si cette instruction publique sert de bride
aux mauvais (poursuit notre vieux magistrat), elle engendre un incroyable *los et
repos aux bons juges*. En un moment, leur
valeur, leur industrie est vue et connue d'un
chacun ; et, ce qui contente le plus, la porte
est bouchée aux calomnies. Car qui oserait
mentir si impudemment, quand tout le pubic
est juge et témoin pourquoi il a condamné
l'un et renvoyé l'autre, pourquoi il a été plus

sévère à celui-ci, et plus doux à celui-là. Ces propos cesseraient (1) ; car qui l'aura voulu, l'aura lui même vu au procès..... »

« C'est du palais comme du temple (dit-il encore page 535); qui entre en celui-ci, pense tout aussitôt que Dieu le voit; et pour cette occasion, il se dispose à un maintien doux et modeste. S'il est fier et superbe, il en dépose une partie. Aussi, quand le Chef a commandé : *Ouvrez; appelez les advocats;* les juges, (n'oubliez pas, lecteur, que c'est un juge qui parle,) les juges, lesquels à huis clos se dispensent de beaucoup de choses, dorment, babillent, vont de chambre en chambre, font brigues, contestent l'un contre l'autre, montrent leurs passions et affections, affectent en leurs opinions trop de douceur ou trop de sévérité : quand ils se voyent exposés d'un haut lieu à la vue d'un auditoire qui juge autant ou plus leurs façons et contenances, qu'eux des causes dont ils sont juges : ils se préparent à ouïr paisiblement, à comporter doucement les affections.

---

(1) Ces propos cesseraient si les débats étaient publics; mais ils avaient cessé de l'être sous le ministère de Poyet. Ayrault regrette cette publicité, il forme des vœux pour son rétablissement.

des parties, tant s'en faut qu'ils découvrent les leurs; et finalement, en jugeant, s'étudient à faire paraître en eux, plutôt une sévérité douce qu'âpre et cruelle. »

Enfin « cette instruction publique (telle qu'elle avait lieu chez les Anciens) était également très-utile aux parties. Car l'innocent ne sera jamais pleinement absous, il y aura toujours quelque chose à redire, si le procès n'a été vu, fait et examiné en *public*...... Comme en la guerre, le comble de la victoire c'est le triomphe; aussi, être absous, c'est l'être au dire et au contentement d'un chacun. Qui n'a son absolution qu'en papier, la publie tant qu'il voudra; il ne publie que ce qui est escrit. Mais quand à tous venans on a ouï quelle apparence il y avait de l'accuser, l'arrest est non point seulement publié, mais l'innocence. »

Nous avons ce que désirait Ayrault; « les débats sont publics en matière criminelle. » C'est une des conquêtes de la révolution, et elle a paru assez précieuse pour être mise au rang des garanties constitutionnelles proclamées par la Charte.

N'est-ce point toutefois une atteinte portée à cette publicité, que de ne permettre, comme on l'a vu plusieurs fois, l'entrée de la salle d'audience, qu'à des personnes nanties d'un billet signé du président de la Cour ou du procureur-général ? Un auditoire ainsi *composé* est-il réellement ce que la loi entend par *le public ?*

Sans doute, au théâtre, on n'en donne pas moins le nom de public aux spectateurs, quoiqu'ils n'entrent qu'avec des billets ; parce que, s'il y a des billets d'auteur, il y a aussi des billets qui se vendent, et qu'il est libre à tout le monde d'en acheter. Au lieu qu'à la Cour d'assises, la faveur seule les donne ou les fait obtenir. On y fait exception et *acception des personnes* (1).

Cela est si vrai, que, dans la distribution des billets, j'ai vu restreindre à deux, ou à trois au plus, le nombre de ceux qu'on dai-

---

(1) Dans les grandes représentations théâtrales, on lit souvent sur l'affiche, *les entrées de faveur sont généralement suspendues.* A la Cour d'assises, dans les grandes causes, les entrées de justice sont restreintes au point que le barreau cesse d'être réservé aux avocats. Chacun de nous a pu lire une ordonnance rendue par un président d'assises, et qui est restée long-temps affichée ; elle défendait d'admettre plus de 30 avocats, et prescrivait de mettre ou de retenir à la porte tout ce qui excéderait ce nombre.

gnait accorder à chaque accusé ou à son défenseur.

On s'est plaint de cette manière de composer l'auditoire. Quelle a été la réponse ? —
Que le président avait *la police de l'audience.*
Sans doute ; mais en quoi consiste ce droit ?
A obliger le public, quel qu'il soit, à se tenir
dans le silence et le respect, et non à substituer des *invitations privilégiées* au vœu de la
loi, qui est d'*admettre indistinctement les
premiers qui se présentent à l'ouverture des
portes.*

Sous Napoléon, on a vu pratiquer un autre
mode dans certaines affaires (1). On resserrait
par des barrières la place destinée au public,
et on ne laissait remplir cet espace qu'au tiers,
ou tout au plus à moitié ; de manière que l'auditoire égalait à peine le nombre des juges,
des accusés et des témoins.

C'est ainsi que, récemment, on a vu les
questeurs de la Chambre des députés, restreindre de leur mieux l'espace réservé au public dans les tribunes.

Tous ces subterfuges sont autant d'infrac-
tions à la *loi de la publicité.*

_____

(1) Par exemple, dans le procès du général Moreau.

9*

Souvent aussi on a vu remplir les audiences de gendarmes et de soldats. Pourquoi en admettre plus qu'il ne faut pour maintenir l'ordre ?

La dignité du juge est le premier moyen d'inspirer le respect ; il doit surtout éviter le ridicule ; et, s'il veut empêcher de rire, il ne faut pas qu'il crie d'une voix de tonnerre : *Gendarmes, je vous ordonne de conduire en prison le premier qui rira.* J'ai vu un pareil ordre faire éclater tout le monde, et arracher un sourire même aux collègues de celui qui venait de le donner.

Je ne puis m'empêcher de terminer cet article par le récit de la manière dont on procédait au jugement des affaires criminelles à Lausanne en Suisse, dans le dernier siècle.

Cette forme est parfaitement expliquée dans une lettre de M. Seigneux, écrite de Lausanne le 10 décembre 1736, et insérée dans le Mercure de France, même mois, même année, p. 2835.

Ce récit mérite d'autant plus de confiance, que M. Seigneux, en sa qualité de Conseiller, avait assisté au procès dont il rend compte.

« *Au milieu de la place publique*, on forme » par des barrières une salle ou parc en quarré

» long, à la tête de laquelle sont trois tribu-
» naux, élevés de quelques pieds chacun. A
» droite et à gauche, sont placés 99 juges : au
» devant est la secrétairerie. Il y a aussi un
» magistrat debout nommé *gros-saultier,*
» tenant un bâton d'argent, le hérault de la
» ville, et beaucoup d'huissiers. Les trois ma-
» gistrats qui occupent les tribunaux, ont
» chacun un sceptre à la main. Au milieu du
» parquet, sont les habits sanglans de l'homme
» mort exposés sur une planche et *formant*
» *tristement une figure de corps gissant*.......
» Aux quatre coins de la salle, sont des bar-
» rières qui s'ouvrent et se ferment par des
» huissiers qui en sont les gardes. C'est là que
» se tiennent trois assises, deux dans le même
» jour, et la troisième quinze jours après.
» Les proclamations étant faites, si l'accusé
» paraît, il entre *armé* dans le parc. Si c'est
» un gentilhomme, il l'est de toutes pièces,
» suivi de ses parens et amis qui restent à la
» porte du parc........ L'accusé étant entré
» seul, on le désarme : il *plaide* ou *fait plai-*
» *der* sa cause. Un avocat nommé par le con-
» seil, plaide pour le lieutenant-criminel. Si,
» après les plaidoyers et le jugement rendu,
» l'accusé est absous, *on le revet de ses armes,*

» et il se retire suivi d'un nombreux cortège (1);
» s'il est condamné, on le conduit droit au
» supplice, à moins qu'il n'ait recours à la
» clémence des juges qui peuvent lui accorder
» sa grâce........ On appelle cette cour, *Cour*
» *Impériale*, parce que la forme et le droit
» nous en viennent des Empereurs. Elle s'as-
» semble rarement, parce qu'elle n'exerce cette
» juridiction solennelle que dans le cas d'ho-
» micide, commis seulement dans la ville de
» Lausanne...... C'est là où j'ai été appelé,
» et où j'ai fait deux fonctions........ »

§ 2.

Des Présidens d'assises, et de leur Office.

L'office de nos présidens d'assises répond
assez à celui du préteur à Rome. Il présidait
et ne jugeait pas, *jus dicebat, non judicabat.*

Un président d'assises doit « tenir la main
roide à ce que toutes personnes qui ont à voir
et exercer fonctions et ministère en ce qui dé-
pend de l'accusation, n'excèdent leur charge
et leur devoir : brief, de régir et conduire cet
acte et procédure judiciaire, où il va de la vie,

---

(1) Chez nous, il faut que l'homme acquitté rentre en
prison, pour y attendre le congé du procureur-général.

de l'honneur, estat et condition tant de nous que des nôtres. *Accusatoris officium est, inferre crimina; defensoris, diluere; testis, dicere quœ scierit; quœsitoris, unum quemque eorum in officio continere.* (Auctor *ad Herennium.*) »

Aussi Constantin l'appelle *medium inter reum et actorem*, ce qu'un vieil auteur français a traduit en disant qu'il est *comme le parrain des deux parties*. « Son devoir est de veiller à ce qu'entre l'accusateur et l'accusé tout se passe dans les règles, et les réduire au proverbe : *bien assailli, bien défendu*. Semblable aux anciens juges des jeux olympiques, devant lesquels il ne suffisait pas d'avoir abattu son adversaire, si ce n'était de bonne guerre; et qui refusaient la palme au vainqueur, s'il n'avait pas vaincu dans les règles. »

Puisque telle est l'importance et le caractère de la fonction de président, il doit éviter de laisser percer son opinion personnelle, non-seulement en réprimant toute parole vive ou indiscrète, mais encore en observant de ne rien découvrir par ses gestes ou par les airs de son visage qui puisse donner à juger de ses impressions : *non est enim recti et constantis judicis, cujus animi motum vultus detegit.* L. 19, ff. *De officio presidis.*

Il ne doit ni s'irriter contre l'accusé, lorsqu'il le croit coupable; ni trop s'appitoyer,
parce qu'il le voit malheureux; ni affecter une
rudesse qui exclut la confiance, ni se permettre
des saillies indignes de sa gravité.

Si on lui manque d'égards, il doit faire respecter son caractère. A Rome, un préteur qui
eût négligé de le faire, se fût exposé à l'action
imminuti magistratûs, pour avoir laissé ravaler
la magistrature en sa personne.

Mais s'il ne s'agit que d'une légère inconvenance, dont l'auteur témoigne immédiatement du repentir, ou d'une expression im-
propre qui soit aussitôt expliquée, il sied bien
au magistrat de ne pas montrer trop de sus-
ceptibilité. C'est en ce sens, que les docteurs
disent, qu'il peut remettre son injure, *si levis,*
non malo animo, et excusatio repentina fiat.

§ 3.

Pouvoir discrétionnaire.

Rien ne flatte davantage MM. les présidens de
Cours d'assises, que le *pouvoir discrétionnaire.*

Il semble que ces deux mots renferment tout,
le pouvoir de lier et de délier; qu'en un mot,
ce soit une formule correspondante à celle du
bon plaisir.

Cependant, je ne puis croire que *pouvoir discrétionnaire* soit synonyme de *pouvoir arbitraire* ou de *pouvoir absolu;* et, comme il m'est arrivé de le dire une fois en jouant sur le mot, le pouvoir discrétionnaire n'est pas un pouvoir qu'on doive exercer *à discrétion*, mais un pouvoir dont, au contraire, on doit user *avec beaucoup de discrétion.*

Le pouvoir discrétionnaire a été basé sur ce que « la loi n'a pu tout prévoir, et qu'elle a supposé que les magistrats feraient les diligences nécessaires pour le bien de la justice, et pour la décharge de leur ministère. » (D'Aguesseau, *Lettre* 1ᵉʳᵉ, *tom.* 8, *p.* 1.)

D'ailleurs, le Code d'instruction criminelle ne donne pas carte blanche à MM. les présidens, comme plusieurs ont eu quelquefois l'air de le penser. L'article 268 dit que « le prési-
» dent est investi d'un pouvoir discrétionnaire,
» en vertu duquel il pourra prendre sur lui tout
» ce qu'il croira utile pour *découvrir la vérité;*
» et la loi charge son honneur et sa conscience
» d'employer tous ses efforts, *pour en favori-*
» *ser la manifestation.* »

Ainsi, il peut appeler un témoin non assigné, mander un expert, etc., etc., pour éclaircir un point douteux.

Mais il ne peut pas opposer à l'accusé ou à son défenseur le *pouvoir discrétionnaire*, comme la tête de Méduse, pour restreindre et circonscrire la défense. Ce pouvoir ne lui est pas donné pour étouffer la vérité, et la gêner lorsqu'elle veut se produire ; mais uniquement pour en *favoriser la manifestation*.

Dans une affaire où le chef de la police était assigné comme témoin *à décharge*, ce fonctionnaire n'avait pas comparu, et s'était contenté d'écrire au président qu'il ne viendrait pas. L'avocat insistait pour qu'il plût à M. le président user de son autorité, pour forcer ce témoin rebelle à rendre témoignage à la justice : il invoquait à cette fin le pouvoir discrétionnaire même dont le magistrat était revêtu ; mais, après une assez courte altercation, ce dernier, quoique bon et humain d'ailleurs, je dois le dire, et rempli d'excellentes qualités, coupa court à toutes difficultés, en disant avec un peu d'humeur : *Eh bien ! il m'a écrit qu'il ne voulait pas venir, et moi je ne veux pas l'appeler....*

Je vois bien là le pouvoir absolu :

Sic volo, sic jubeo, sit pro ratione voluntas.

Mais est-ce là le pouvoir discrétionnaire

que la loi a entendu accorder à MM. les présidens?

Au moins est-il vrai que le pouvoir discrétionnaire ne devrait pas s'étendre jusqu'à refuser à un accusé qui le demande, *acte d'un fait* qu'il lui paraît important de constater.

Sans cela, comment pourra-t-il faire valoir plus tard devant la Cour de cassation, la violation de loi qui peut résulter de ce même fait?

On a vu dans une affaire, un président dont la droiture et l'habileté ne sont pas contestées, découvrir son opinion devant le jury; l'avocat en demander acte par des conclusions signées de sa partie; le président prendre ces conclusions pour injure, et la Cour sur le point de passer outre à l'application de quelque mesure sévère, à laquelle le ministère public avait déjà conclu, si l'un des confrères de l'avocat ne l'eût excusé en faisant remarquer que les conclusions ne renfermaient rien en fait, qui ne se fût passé sous les yeux de tous, et qu'en droit l'avocat n'avait pu avoir l'idée qu'il manquerait à la Cour en demandant acte de ce fait qu'il croyait contraire à la loi.

En effet, que M. le président eût ou non,

comme il le prétendait, le droit d'aider le jury de ses lumières et de son expérience, c'était là une question de droit. Mais le fait devait toujours être constaté, afin que, s'il y avait lieu à pourvoi, l'accusé pût s'en faire un moyen que la Cour suprême aurait apprécié.

§ 4.

Lecture de l'acte d'accusation. — Exposé de l'affaire.

Ne suffirait-il pas de lire aux jurés le *résumé* de l'acte d'accusation, et de leur dire en peu de mots : *L'homme ici présent est accusé de tel crime ;* par exemple, d'homicide sur la personne d'un tel, avec telle circonstance ?

Au lieu de cela, on commence par leur lire en entier l'acte d'accusation, qui est un plaidoyer complet contre l'accusé; les faits y sont groupés avec tout l'art qui peut rendre l'accusation vraisemblable; des dépositions que les jurés ne devraient entendre que de la bouche des témoins, y sont transcrites, analysées, rapprochées avec adresse, de manière à en former un corps de preuves. Quelle impression ne doit pas d'abord faire sur leur esprit la lecture d'un tel acte, rédigé par un magistrat dont ils n'ont garde de suspecter l'impartialité?

Ce n'est pas tout : dans les grandes accusations, dans celles où le ministère public attache le plus d'importance à obtenir condamnation; aussitôt après cette lecture et avant l'audition d'aucun témoin, avant même l'interrogatoire de l'accusé, il prend la parole et *expose le sujet de l'accusation.*

Si du moins l'accusé et son défenseur avaient la liberté de faire la contre-partie et d'exposer aussi l'affaire dans le sens de la justification! Mais non; il faut que l'accusé reste pendant tout le cours des débats sous la prévention qu'auront pu faire naître, dès l'instant de leur ouverture, et la *lecture* de l'acte d'accusation, et *l'exposé* du ministère public. Ce n'est qu'après l'audition de tous les témoins, la production de toutes les charges, et même encore après que l'accusateur aura repris la parole et *développé les moyens qui appuient l'accusation,* que l'accusé et son conseil *pourront lui répondre.* (Code d'instr. *art.* 335.)

Je conçois que l'accusation doit naturellement précéder la défense; mais pourquoi donner tant d'avantage au ministère public sur un malheureux accusé? Le débat doit être

oral : pourquoi donc commencer par faire
lire devant le jury une pièce où toute l'instruction écrite est analysée par écrit? L'accusateur parlera après l'audition des témoins ,
il fera valoir les charges produites; pourquoi
donc devancer cet instant par un exposé qui
n'a évidemment pour but que d'armer les jurés
de préventions défavorables à l'accusé, tandis
qu'au contraire ils doivent tout entendre avec
un esprit qui en soit entièrement dégagé?

Pourquoi, du moins, ne pas rendre la partie égale en permettant au défenseur de repousser immédiatement cette première attaque, et de chercher à concilier à l'accusé la
faveur de ceux qu'on s'efforce d'indisposer
contre lui?

§ 5.

Interrogatoire des accusés.

A Rome, l'interrogatoire dépendait des
parties elles-mêmes et de leurs avocats; l'accusateur interrogeait l'accusé ; et l'accusé
interrogeait l'accusateur. Le juge les laissait
faire.

Cette méthode avait cet avantage, que les

questions de part et d'autre étaient plus di-
rectes et plus pressantes.

Il en est autrement aujourd'hui. La fonction
d'accusateur étant devenue une fonction publique, c'est au magistrat qu'appartient l'interrogatoire de l'accusé. Mais au moins, doit-
il se faire une loi de faire porter les questions
sur les faits justificatifs aussi bien que sur ceux
de l'accusation. Car (je ne me lasse point de le
répéter), celui qui préside l'audience ne doit
jamais oublier que si l'instruction doit avoir
lieu à charge, elle doit aussi avoir lieu à décharge.

Avouons cependant que cette impartialité
si désirable ne s'est pas toujours rencontrée
dans les magistrats.

Quand on a des vérités à dire aux juges,
on est heureux de les trouver dans les écrits
de leurs propres collègues. Or, voici ce que
dit, des juges de son temps, le lieutenant-criminel Ayrault (*Liv.* 3, *part.* 3. *N°* 22, *p.* 485) :
« La dextérité et industrie de bien faire a
» bien toujours été requise au magistrat; mais
» aujourd'hui que toutes les fonctions qui ré-
» sidaient aux parties et aux advocats, sont en
» lui, il faut qu'elle approche tellement du
» nom de *ruse* et de *finesse*, s'il veut bien tirer

» les vers du nez d'un criminel, qu'à grand
» peine saurait-on plus dire si ces *artifices* se
» doivent appeler justice ou *circonvention*. »

Pour ce qui regarde les juges modernes, je
ne serai pas suspect de partialité, en rappor-
tant ici l'opinion d'un membre distingué de la
Cour royale de Paris, qui, dans un ouvrage
fort intéressant sur l'*Administration de la Justice en Angleterre*, se plaint en ces termes de
la manière dont se comportent quelquefois, envers les accusés, les présidens de nos Cours
d'assises et les avocats-généraux.

« Les tribunaux anglais, dit-il (pag. 109),
» présentent un aspect d'impartialité et de
» douceur que les nôtres, il faut l'avouer, sont
» bien loin d'offrir aux yeux de l'étranger.
» Tout, en Angleterre, respire l'indulgence
» et la bonté ; le juge paraît un père au mi-
» lieu de sa famille, occupé à juger un de ses
» enfans.... Tout chez nous, au contraire
» (pag. 110), paraît *hostile contre l'accusé*.
» Le ministère public le traite souvent avec
» une dureté, pour ne pas dire une cruauté,
» qui fait frémir les Anglais. *Nos présidens
» eux-mêmes*, loin de porter au prévenu l'in-
» térêt qu'il aurait droit d'attendre, au moins
» *de l'impartialité de leur ministère*, chargés

» par leurs fonctions de diriger les débats et
» d'établir l'accusation, *deviennent trop sou-*
» *vent partie contre l'accusé*, et semblent quel-
» quefois se faire moins un devoir *qu'un hon-*
» *neur de le faire condamner.* »

Je l'avais déjà dit, dans ma *Libre Défense
des accusés*, imprimée vers la fin de 1815 :
« Le juge doit interroger l'accusé avec aus-
térité, mais sans rudesse, mais avec droiture
et sans trop de subtilité ; sans mettre non plus
son amour-propre (1) à embarrasser, par des
questions captieuses, un malheureux qui, d'ordinaire, a plus besoin d'être rassuré que cir-
convenu. »

Un bel exemple, et bien digne d'être suivi,
a été donné par M. le chancelier Dambray,
dans le procès qui s'instruit actuellement à la
Cour des pairs. Après avoir rappelé aux accusés quels crimes leur étaient imputés par l'acte
d'accusation, il leur dit : « Accusés, des
charges plus ou moins graves pèsent sur vos
têtes : vous êtes accusés d'avoir formé un com-
plot contre le gouvernement de votre pays,
c'est-à-dire d'avoir commis le crime le plus

---

(1) Tel était Tibère avec lequel, *sœpè confitendum
erat, ne frustrà quæsivisset.* TACIT. III. *Annal.* 67.

odieux. Mais *vous n'êtes qu'accusés*. Ne craignez pas que la juste indignation que le crime
inspire, s'étende jusqu'aux innocens. Si les
pairs de France sont les plus fermes appuis de
la monarchie, ils sont aussi les plus ardens
défenseurs des opprimés. Aucune prévention
ne peut les atteindre. On ne veut ici que la
justice, et l'on ne cherche que la vérité. Vous
allez entendre les charges qui seront produites
contre vous. »

Dans tout le cours de cette procédure,
M. le chancelier s'est montré fidèle observa-
teur de ces maximes. Les avocats auront souvent occasion de rappeler cette présidence,
et de la citer comme un modèle de sang-
froid, de sagesse et d'impartialité.

Non-seulement le juge ne doit pas se constituer l'adversaire et pour ainsi dire l'ennemi
de l'accusé, mais il doit le protéger contre
son imprudence ou sa faiblesse. Les réponses
sont presque toujours suivant les questions;
et si le juge s'aperçoit qu'un malheureux accusé s'est fourvoyé sur un point, il ne doit pas
négliger de lui offrir une occasion de réparer
par une explication le mal qu'il a pu se faire
dans sa première réponse. Tite-Live nous en
offre un exemple fort remarquable. L'ambas-

sadeur des Privernates ayant comparu en plein
sénat pour répondre à l'accusation portée
contre ses compatriotes , un des sénateurs qui
se trouvait le plus irrité contre eux, lui demanda « quelle peine, à son avis, méritaient
les Privernates pour la rébellion dont ils s'é-
taient rendus coupables? » — « Celle-là, répondit fièrement l'ambassadeur, que méritent
des hommes qui se sont crus dignes de la
liberté. »— Le consul Cnœus Plautius s'aperce-
vant que cette repartie avait irrité les esprits
au lieu de les calmer, pensa qu'il fallait faire
à l'ambassadeur une seconde question qui lui
fournît l'occasion d'adoucir sa première réponse (1). « Mais si l'on vous pardonne, lui
dit-il, quelle paix pouvons-nous espérer de
vous? » — « Si vous nous l'accordez à des
conditions équitables (répliqua le Privernate),
elle sera fidèle et perpétuelle; si elle est trop
désavantageuse, elle sera de courte durée. »
—Cette seconde réponse satisfit les sénateurs.

(1) Benignâ interpretatione mitius responsum elicere.
Tite-Live.

§ 6.

Interrogatoire des témoins.

Le devoir du président est de faire aux témoins toutes les questions à charge et à décharge, et toutes les interpellations jugées
nécessaires par l'accusé et ses conseils, à moins
qu'il ne paraisse *évidemment* que ces questions
sont *entièrement* étrangères au débat.

A cette occasion, j'ai souvent remarqué que
MM. les présidens, avant de transmettre une
question au témoin, exprimaient le désir de
savoir *dans quelle intention la question était
faite.* Comme le disait Wilson à son juge interrogateur : « C'est étendre trop loin la *curio-
» sité judiciaire.*» Vous le saurez, M. le président; mais patience : si je vous dis d'avance
pourquoi je fais cette question, le témoin cal-
culera de suite dans quel sens il doit y répondre, et je n'obtiendrai pas la vérité. Peut-
être même que, pendant que nous disputons
pour savoir si vous lui ferez ma question, il
arrange sa réponse.

Prenons un exemple.

L'accusé. M. le président, je vous prie de

vouloir bien demander au témoin si, le 15
décembre, il faisait *clair de lune.*

Le président. Mais qu'a de commun le clair
de lune avec votre affaire ?

L'accusé. Peut-être, M. le président. Mais
enfin nous verrons : veuillez lui faire cette
question.

Le président. Mais je ne puis pas fatiguer
ainsi le témoin par des questions saugrenues,
et dont je n'aperçois pas la liaison avec le
débat.

Faudra-t-il donc, pour déterminer M. le
président, lui dire qu'on adresse cette question
au témoin, parce qu'il a déclaré avoir reconnu
l'accusé qui se sauvait le 15 décembre vers les
dix heures du soir, vêtu d'une redingote grise
avec un chapeau rond, emportant un pa-
quet, etc., etc.? Or, s'il faisait clair de lune,
le témoin a pu voir tout cela ; s'il faisait nuit
noire, il n'a rien pu distinguer. Eh bien ! précisément il n'y avait pas de lune sur l'horizon
le 15 décembre à dix heures du soir. Faudra-
t-il mettre le témoin et M. le président dans
toute cette confidence avant de passer outre à
la question?

Je conclus de-là que l'accusé devrait jouir

d'une grande latitude dans le contre-interro-
gatoire.

J'ajoute même que ce rouage, qui consiste
à faire passer les questions par l'organe de
M. le président, entraîne des longueurs toujours préjudiciables : cela donne trop le temps
de la réflexion au témoin. Un témoin vrai
s'embarrasse rarement et se retrouve toujours.
Un fourbe a besoin d'être pressé : c'est alors
seulement qu'il se trouble, se contredit, et
laisse sa turpitude à découvert.

Dans le *procès de la conspiration du* 19 *août,*
M. le procureur-général, après l'audition de
quelques témoins, avait requis que l'on insérât
au procès-verbal les contradictions qu'il prétendait exister entre leurs dépositions, et demandait *qu'il lui fût donné acte des réserves
qu'il faisait de faire des poursuites quand et
contre qui il appartiendrait.*

Me Berville, dans l'intérêt général de la
défense, a déclaré qu'il s'opposait au réquisitoire du procureur-général. « Je prie la
Cour, dit-il, d'observer que de pareils réquisitoires ont pour effet de jeter de fâcheuses
impressions dans l'esprit de MM. les pairs,
qui peuvent croire que le ministère public
n'agit ainsi que parce qu'il a la conviction de

la fausseté de la déposition du témoin. J'a-
joute que ces menaces faites contre un témoin
qui a déposé, peuvent aussi donner une sorte
d'effroi aux témoins qui ont encore à paraître
devant la Cour. — En droit, il n'y a lieu à
consigner au procès-verbal que les déclarations du témoin qui est en contradiction avec
lui-même, et non point celles du témoin qui
serait démenti par un autre témoin. Dans ce
dernier cas, il pourrait y avoir faux témoignage; le ministère public aurait sans doute
le droit de poursuivre; mais alors il faudrait
qu'il procédât par voie de *plainte formelle,* et
non pas par voie de *réserve* et de consignation
au procès-verbal. »

Ces observations étaient de la plus grande
justesse; aussi furent-elles accueillies par arrêt
du 22 mai. Cet arrêt est ainsi conçu : « La
Cour faisant droit sur le réquisitoire du procureur-général du Roi, ordonne qu'il sera
tenu note par le greffier des dépositions des
témoins P* et F*; et quant aux *réserves* faites
par le procureur-général, attendu qu'il lui est
toujours loisible de poursuivre les témoins en
faux témoignage, *sans qu'il lui soit besoin
d'autorisation,* la Cour ordonne qu'il sera
passé outre à la continuation des débats. »

Ainsi de deux choses l'une : ou une déposition offre nettement le caractère de faux témoignage ; et, dans ce cas, le procureur-général doit poursuivre de fait le faux témoin :
ou bien la déposition n'a pas ce caractère, et
alors, la Cour ne doit pas placer un témoin
qu'on n'ose pas poursuivre, dans un état équivoque qui n'aurait pour effet que de l'intimider.

C'est ainsi que dans l'affaire de la *souscription
nationale*, je m'étais plaint aussi de ce que le
procureur-général avait *tenu en état de réserve* les députés qu'on n'osait pas poursuivre ;
et que cependant on ne voulait pas absoudre.

Il est de règle que tout témoin produit est
commun aux deux parties. Chacune d'elles
peut l'interroger à son tour.

Mais je pense qu'en général l'accusé et son
défenseur doivent être sobres de questions
envers les témoins. Combien de fois n'est-il
pas arrivé qu'une demande indiscrète de la
part d'un accusé, a amené une réponse toute
contraire à celle qu'il attendait ? Ces désappointemens sont du plus fâcheux effet sur
l'esprit des jurés. Cicéron donne là-dessus d'ex-
cellens préceptes dans son oraison pour Fon-
téius. *Mihi semper unâquaque de re testis non
solùm semel, verum etiam breviter interro-*

gandus : et sæpè non interrogandus, ne aut irato facultas ad dicendum data, aut cupido auctoritas attributa esse videatur.

Il serait à désirer que les noms des témoins à charge fussent signifiés plus de vingt-quatre heures avant leur audition. L'article 315 du Code d'instruction criminelle se contente de ce délai. Mais il est insuffisant pour se procurer les renseignemens nécessaires sur la moralité des témoins, leurs liaisons avec le plaignant, et tous les motifs légitimes de reproche.

Au surplus la publicité des débats a encore cet avantage que, malgré la loi du silence, imposée à l'auditoire, souvent les assistans exercent le droit de reproche au profit des accusés par les murmures qu'excite parfois la présence de certains témoins.

Ainsi jamais un agent de police n'est appelé en témoignage sans éprouver quelque huée ; surtout s'il est du nombre de ceux qu'on choisit quelquefois parmi les forçats libérés, sous le prétexte qu'ayant été scélérats et passant encore pour l'être aux yeux de leurs anciens camarades, ils ont plus de moyens de s'insinuer auprès d'eux, de surprendre leurs secrets et de les divulguer.

Un Vatinius, à Rome, soulevait l'indignation du peuple romain.

Lutterloh ne fut pas mieux traité à Londres
dans l'affaire de La Mothe.

On se rappelle l'accueil que reçurent les
non mi ricordo dans le procès de la reine
d'Angleterre.

Truphémy venant déposer comme témoin
devant la Cour royale de Nîmes, est dépeint
sous les plus ardentes couleurs par M. Madier
de Montjau dans la belle apologie qu'il pro-
nonça pour sa défense devant la Cour de cassation.

Je termine par une remarque ce qui regarde l'interrogatoire des témoins; c'est que,
d'après nos lois, le débat devant être *oral*, il
ne devrait jamais être permis au procureur-
général de recourir aux interrogatoires écrits
et de les *lire* à l'audience, soit pour suggérer
au témoin des réponses déjà faites, soit pour
l'obliger à persister dans ses dépositions premières en lui reprochant des contradictions, et
le menaçant de le poursuivre, s'il les rétracte
ou s'il les rectifie.

Je croyais avoir fini ce paragraphe, mais le
procès de la Cour des pairs m'oblige à rendre

compte d'un incident remarquable. A la séance
du 29 mai, l'avocat de l'un des accusés, voulant justifier son client, cite un propos qu'il dit
avoir entendu d'un colonel *qu'il ne veut pas
nommer.* M. le procureur-général se lève et dit:
Je dois faire au défenseur une interpellation
formelle de déclarer le nom qu'il tait à la Cour.
C'est un devoir pour lui de répondre à cette
interpellation.... — L'avocat persiste à ne vouloir pas nommer le quidam. — M. le procureur-général : Nous devons tenir à ce que
le fait dont il a été parlé par un défenseur,
soit éclairci. Nous demandons que Monseigneur, usant de son pouvoir discrétionnaire,
*fasse momentanément sortir le défenseur du
banc des avocats, et l'interpelle comme témoin.*
— L'avocat: J'ai dit ce que j'ai cru utile à la
défense de mon client. J'ai tu le nom du colonel dont j'ai parlé, parce que j'ai pensé qu'il
était de mon devoir de garder le silence à cet
égard. L'un de mes confrères voudra sans
doute bien se charger de répondre aux conclusions du ministère public. — Alors Me Berville prend la parole pour son jeune confrère,
et fait l'observation suivante : « Chaque accusé
doit être assisté d'un conseil pendant tout le
cours des débats : il ne doit pas être privé un

seul instant de son défenseur. Si l'on déférait au réquisitoire du ministère public, l'accusé P*** serait forcément privé de l'assistance de son conseil pendant tout le temps que ce conseil paraîtrait comme témoin devant la noble Cour. Le principe bienfaisant, qui veut que tout accusé soit défendu, serait donc indirectement violé. D'autre part, *un avocat ne peut jamais être tenu de révéler les faits dont il a acquis la connaissance dans l'exercice de sa profession* (1). Si, dans son zèle, dont les motifs n'ont du moins rien de repréhensible, mon confrère a cru devoir appuyer de son témoignage les déclarations de son client, on porterait atteinte aux prérogatives du caractère de défenseur en le mettant dans la nécessité de dire plus qu'il n'a voulu dire. Je pense donc que le réquisitoire de M. le procureur-général ne peut être admis. — M. le président déclare qu'il examinera s'il est utile et *s'il convient* que, dans cette circonstance, il fasse usage de son pouvoir discrétionnaire.

On ne pouvait rejeter avec plus de douceur les conclusions de M. le procureur-général.

_____

(1) Il est, à cet égard, dans la même position qu'un confesseur, et doit jouir du même privilége.

M. le chancelier n'a pas cru devoir y obtempérer ; il n'a pas pensé qu'il fût *convenable*
d'arracher un avocat à ses fonctions de défenseur, pour en faire un témoin. Mais je n'en
saisirai pas moins cette occasion de faire remarquer qu'un avocat ne doit pas s'exposer
légèrement à parler des faits qui lui sont personnels.

§ 7.

Discussions avec les Avocats ; — Liberté de la Défense.

Autant la conscience de l'avocat doit être
effrayée de l'importance des devoirs que lui
impose la défense des accusés en matière criminelle, autant sa raison doit s'armer de courage pour les remplir dans toute leur étendue.

Il doit, avant tout, se bien pénétrer de cette
idée, que la défense des accusés, sans cesser
d'être respectueuse, doit essentiellement être
libre ; que tout ce qui la gêne et l'entrave empêche qu'elle ne soit complète, et par-là même
compromet le sort de son client.

Souvent, dans le cours d'un débat, il s'élève
une sorte de lutte entre l'avocat et les magistrats qui soutiennent ou dirigent l'accusation :

celui-là revendiquant le droit de parler; ceux-ci lui imposant l'obligation de se taire, ou de ne parler que comme il leur plait (1).

J'ai entendu des présidens répéter à chaque instant : « *Vous avez toute latitude pour vous défendre ; mais.....* » et de *mais* en *mais*, la défense était accablée de restrictions et d'interruptions qui fatiguaient l'avocat, lassaient sa patience, ou le troublaient au point de le réduire à se taire.

Depuis surtout qu'il a été mis à l'ordre du jour de déclamer contre *les doctrines*, de réprimer *les doctrines ;* les présidens se sont empressés, comme à l'env, d'interrompre les avocats, de les rabrouer, et d'entrer en réfutation avec eux, sous prétexte de rétablir les *saines doctrines !*

Il semble que le juge aurait été solidaire

---

(1) Cela arrive surtout quand l'avocat demande *acte d'un fait* qui peut constituer une *irrégularité.* On voit aussitôt l'avocat-général s'y opposer : et la Cour, quelquefois, le refuser. Je crois que c'est un abus. Un fait est un fait, et il devrait toujours être permis d'en demander acte, sans que jamais la Cour pût le refuser. Cela ne préjuge rien : tandis qu'en refusant de le constater, on prive peut-être l'accusé d'un moyen de cassation, c'est-à-dire d'un moyen de salut.

avec l'avocat, s'il l'eût laissé achever sans l'interrompre. De-là le trop vif empressement
qu'on les a vus mettre à ces interruptions, faites
d'ailleurs avec trop peu de sang-froid, pour
qu'on n'ait pas dû quelquefois les attribuer au
désir de faire parade de telle opinion.

Je crois que ces interruptions sont essentiellement opposées au devoir du juge. Quand
la défense est une fois entamée, il doit se faire
une loi de ne pas l'interrompre, et s'interdire
ces petites tracasseries qui renversent l'ordre
des idées, syncopent l'établissement d'une
preuve, refroidissent le développement d'un
moyen de considération, et déconcertent l'o-
rateur.

D'ailleurs telle proposition, telle phrase, tel
mot déplaisent au président, et plaisent peut-
être aux jurés. On ne sait de quoi l'un se
fâche, peut-on savoir de quoi l'autre ne s'ac-
commodera pas ? Il faut des raisons à toutes
les adresses.

Le cœur humain nous appartient tout entier, nous pouvons en sonder les plus secrets
replis. Partout où nous entrevoyons une passion honteuse, il nous appartient de la combattre; un sentiment généreux, il nous convient de nous en emparer ; une émotion

favorable, il importe de l'exciter. La loi s'en rapporte à la conscience des jurés; donc, tout ce qui agit sur la conscience des hommes, faits, raisonnemens, images, doctrines, est de notre ressort.

La loi porte que « le président avertira le » conseil de l'accusé, qu'il ne doit rien dire » contre sa conscience, ou contre le respect » dû aux lois, et qu'il doit s'exprimer avec » décence et modération. » (art. 311.)

Mais elle n'autorise pas, pour cela, un président à interrompre à tout propos l'avocat, sous prétexte qu'il n'observe pas rigoureusement toutes ces règles.

Loin de là, l'article 328 du Code d'instruction criminelle, dit que « pendant l'examen, » les jurés, le procureur-général et les juges » pourront prendre *note* de ce qui leur paraîtra » important, soit dans les dépositions » des témoins, soit dans la défense de l'accusé, » *pourvu que la discussion n'en soit pas interrompue.* »

Donc ces interruptions d'un zèle qui souvent n'a d'autre mobile que l'opinion du moment, et une première impression trop peu réfléchie, ne sont pas dans le vœu de la loi.

Que le ministère public lorsqu'il répondra,

ou le président lorsqu'il résumera l'affaire, se servent des *notes* qu'ils auront prises, et des réflexions qu'ils auront faites, pour relever les contradictions, rétablir les faits dans toute leur exactitude, réfuter les doctrines erronées, blâmer ce qui s'est dit d'inconvenant, et mettre de côté ce qui est étranger à la cause : à la bonne heure ; ainsi chacun se trouve avoir son tour. Mais tant que la défense dure, le juge, religieux auditeur de cette défense, ne doit pas plus en troubler le cours, qu'il ne s'est permis d'interrompre ou de critiquer l'accusation.

Hermolaüs accusé d'avoir conspiré contre Alexandre, au lieu de se laver de cette accusation, donna une toute autre tournure à sa défense. Il poussa l'audace jusqu'à soutenir qu'il avait bien fait d'essayer à se venger, parce qu'Alexandre l'avait fait fouetter comme un esclave (1), et qu'il était permis de tuer un tyran!! A ces mots, tous les assistans, et surtout Sopolis, père de l'accusé, voulurent l'empêcher de continuer ; mais Alexandre ne le voulut pas. Qu'on lui laisse tout dire, s'é-

---

(1) Pour avoir osé tuer un sanglier sur lequel Alexandre-le-Grand voulait tirer !

cria-t-il, parce que c'est l'ordinaire que tous les accusés se persuadent qu'on procède contre eux avec plus de modération ou de clémence, quand on les entend jusqu'au bout. S'ils disent bien, cela leur sert; si non, ils comblent la mesure de leur crime et rendent leur punition plus certaine (1).

J'ai déjà parlé de représailles exercées contre Cicéron, parce qu'il s'était écarté des formes de procéder; j'ajoute ici que le tribun Metellus, ennemi de ce grand orateur, s'étant opposé à ce qu'il haranguât le peuple, n'en donna pas d'autre raison, si ce n'est, qu'on ne devait pas accorder la permission de faire sa propre apologie, à un homme qui avait sévi contre d'autres sans les admettre à plaider librement leur cause : *Qui in alios animadvertisset indictâ causâ, dicendi ipsi potestatem fieri non oportere.* C'était sans doute se venger d'une injustice par une autre injustice; mais cela prouve le danger qu'on court soi-même, en violant, dans la cause d'autrui, des droits qu'on aura peut-être un jour besoin d'invoquer dans sa propre cause !

Ce droit sacré d'une libre défense était tel-

_____

(1) Quinte-Curce, *liv.* 8, n° 24 *et suiv.*

lement enraciné dans l'esprit des Romains,
que Tibère lui-même ne crut pas pouvoir en
priver les accusés. Pison (dit TACITE, *Annal.* III
et suiv.) était accusé d'avoir empoisonné Germanicus. Tibère, après avoir écouté les charges
des accusateurs et les prières de l'accusé, renvoya l'affaire au sénat. Cinq orateurs, choisis
par Pison, refusèrent de se charger de sa défense, qui fut acceptée par trois autres. Tibère
parut au sénat. Si Pison, dit-il, a aigri et
bravé la jeunesse de mon fils, s'il lui a manqué
d'égards; s'il a vu sa mort et ma douleur avec
joie, je le haïrai, je l'éloignerai de mon cœur,
je vengerai ainsi Tibère et non l'empereur.
Mais si Pison est convaincu d'un crime dont les
lois vengent même le dernier des hommes,
c'est à vous, sénateurs, à consoler, par une
juste sévérité, les enfans de Germanicus et son
père. Je pleure, sans doute, et je pleurerai
toujours mon fils; mais je n'empêche point de
dire *hardiment* tout ce qui pourra servir à la
défense de Pison, *ou même d'accuser Germa-*
nicus. Que le triste intérêt que je prends à cette
affaire ne vous fasse point regarder des imputations comme des preuves. Dans le danger où
est Pison, que ses parens et ses amis le soutiennent de leur zèle et de toute leur éloquence.

*Si quos propinquus sanguis, aut fides sua pa-
tronos dedit, quantùm quisque eloquentiâ et
curâ valet,* JUVATE PERICLITANTEM.

L'indulgence pour les défenseurs est d'autant plus nécessaire dans nos tribunaux modernes, que souvent les accusés sont défendus
d'office par de jeunes stagiaires, qui, s'ils ne
sont pas encore illustrés par de grands talens,
sont du moins recommandables par le zèle et le
désintéressement qu'ils apportent à une défense
dont le soin leur est confié par la justice même.
Quelque respect que mérite le ministère public, on ne doit pas avoir moins d'égards pour
l'homme qui se voue gratuitement à la défense
de ses concitoyens, et dont le ministère est
aussi nécessaire à l'accomplissement de la justice que l'accusation même, puisque sans défense il ne peut pas y avoir de condamnation
légale.

Si le juge doit se montrer indulgent envers
le défenseur, à plus forte raison doit-il se pi-
quer de l'être envers l'accusé. Il doit lui par-
donner quelque chaleur dans sa propre cause et
lorsqu'il s'agit de sa perte ou de son salut. J'ai
entendu un accusé, interrompu dans sa défense, dire au président : « Monsieur, le soin
» de défendre mon honneur l'emporte sur tout.

» En sortant d'ici, vous rentrez fort tranquille
» chez vous, et moi je rentre en prison... (1) »
Que répondre à cela?

Mais je reviens aux discussions parfois trop
vives qui éclatent entre les magistrats et les
défenseurs. Ces altercations sont d'autant plus
funestes qu'elles peuvent exciter des rivalités
dangereuses entre la magistrature et le barreau.

M. Toullier, dans le tome IX de son *Cours
de Droit français*, cite, dans une note de la
page 472, une affaire dans laquelle M. l'avocat-
général de Barentin, portant la parole, prit le
parti d'un avocat injustement accusé. Il s'a-
bandonne ensuite aux réflexions suivantes :

« La magistrature était *alors* l'amie et la
protectrice de l'ordre des avocats, qui, de leur
côté, l'avaient portée au plus haut degré de confiance et de respect dans l'esprit des peuples,
et qui, dans toutes les occasions difficiles, faisaient cause commune avec elle, et la soutenaient dans l'opinion publique avec une force
presque invincible contre le despotisme et les
attaques des ministres, aux injustices desquels
elle avait *alors* le courage de résister.

» *Que les temps sont changés!* L'usurpateur

---

(1) Journal des Débats du 16 mars 1821.

de la toute puissance et de nos libertés voulut aussi détruire la noble indépendance des avo-cats, si justement et si éloquemment célébrée par le grand chancelier D'Aguesseau. Un *décret injuste et humiliant* la leur ravit et les plongea dans cet état de dépression que, de-puis quelques années, on saisit toutes les oc-casions d'aggraver et de leur faire sentir. Il n'est aujourd'hui mince conseiller, ou membre d'un parquet, à peine sorti des bancs de l'école, qui ne croie s'honorer en les harcelant à la seule apparence du tort le plus léger, sans égard, sans respect pour des réputations acquises par de longs services et par une vie sans reproche. »

Je ne nie pas que cela ne soit plusieurs fois arrivé. Mais, pour être juste, il faut convenir aussi qu'il n'est pas rare de voir des magistrats, remplis de bienveillance, rendre aux avocats égards pour respect, parler doucement aux accusés, protéger et encourager la défense, contenir au besoin l'accusateur dans de justes bornes, et donner dans leurs résumés d'écla-tans modèles de sagesse et d'impartialité. Hon-neur leur soit rendu !

Ces exemples restent dans la mémoire du barreau, ils pénètrent tous ceux qui en sont les témoins, d'amour et d'estime pour la magis-

trature, ils resserrent les liens qui unissent ces
deux Ordres, et contrebalancent l'influence
que pourraient exercer les exemples contraires.

§ 8.

Discours des Accusés.

La défense, qui est de droit naturel, est si
fort dans le vœu de la législation positive, que
le Code d'instruction criminelle porte expressément (*art*. 335) que « l'accusé ou son conseil auront toujours la parole les derniers. »

Il est même d'usage qu'avant de clore les
débats, et quelque longuement que l'avocat ait
plaidé, le président dise encore à l'accusé :
*N'avez-vous plus rien à ajouter à votre dé-
fense ?*

L'interpellation du juge anglais est encore
plus touchante : « N'y a-t-il personne, dit-il,
» qui veuille prendre encore la défense de ce
» malheureux accusé ? »

La plupart des accusés se taisent. Mais depuis que Wilson et Bruce, traduits devant une
de nos Cours d'assises, ont donné l'exemple
de prononcer eux-mêmes chacun un petit discours; presque tous les accusés en matière po-

litique, séduits par le succès qu'avaient obtenu les deux Anglais, se sont piqués de prononcer des défenses additionnelles :

Exemplar vitiis imitabile !

Car, à l'exception d'un très-petit nombre de discours qui ont répondu au mérite de leurs auteurs, je n'en ai guère entendu qui n'aient fatigué par leur longueur, ou déplu par leur inconvenance, ou irrité par leur exagération.

Il faut, en pareil cas, que l'avocat prenne assez d'autorité sur la personne de son client pour l'obliger à ne dire que ce qu'il faut, et à le dire d'une manière convenable.

§ 9.

Un Accusé peut-il renoncer à se défendre ?

En parlant des *faits généraux*, nous avons déjà dit qu'un arrêt de la Cour d'assises de Paris, ayant décidé qu'on renfermerait strictement les débats dans les faits du 6 juin, l'accusé Duvergier avait déclaré que, dans ce cas, *il se tairait, et renonçait à sa défense.*

Les journaux du 25 mars 1821 racontent ainsi la suite de l'affaire :

« M. l'avocat-général prend la parole et soutient que Duvergier s'est rendu coupable, le 6 juin, de provocation à la rébellion et à la guerre civile.

» Après ce discours, Me Blanchet, avocat, se lève et va parler.

» Duvergier : D'après les marques d'intérêt que Me Blanchet me donne depuis long-temps, je sens qu'il lui en coûtera beaucoup de me laisser sans défense et de ne pas répondre à M. l'avocat-général; mais puisqu'il ne me serait pas permis de compléter ma défense, je ne veux pas la commencer.

» Me Blanchet : Je regrette en effet beaucoup d'être empêché de prendre la parole pour réduire l'accusation à sa juste valeur. Simple mandataire de mon client, je dois garder le silence puisqu'il l'exige.

» M. le président fait son résumé.

» Les jurés se retirent pour délibérer. Ils rentrent au bout d'une heure et demie. L'un d'eux déclare qu'il remplace le chef du Jury, qui n'a pas voulu se charger de donner lecture de la décision.

» La question était ainsi conçue :

« Aimé Duvergier est-il coupable d'avoir,
» étant à la tête d'un attroupement de plus de

» vingt personnes armées, par des cris et dis-
» cours, proférés dans des lieux publics, pro-
» voqué les citoyens à la guerre civile et à la
» rébellion, lesdites provocations non suivies
» d'effet ? »

» Les jurés répondent : Oui, l'accusé est coupable d'avoir fait partie de l'attroupement avec
toutes les circonstances comprises dans la position de la question ; mais il n'est pas constant
qu'il ait été à la tête de l'attroupement.

» Me Blanchet soutient que, d'après cette déclaration du Jury, Duvergier doit être acquitté.

» M. Vatisménil soutient qu'il doit être condamné.

» Après une assez courte délibération, la
Cour maintient la délibération du Jury, et condamne Duvergier à cinq années d'emprisonnement et à cinquante francs d'amende. »

Cette manière de procéder est-elle régulière ?

Le refus de l'accusé d'interroger les témoins
à décharge, était-il un motif pour leur dire à
tous : *allez vous asseoir ?*

Duvergier avait-il le droit de renoncer à se
défendre et à être défendu ? S'il n'avait pas eu
d'avocat, la Cour n'eût-elle pas dû lui en donner un d'office ? Si celui qu'il avait choisi se

trouvait révoqué par la défense de parler,
l'accusé n'était-il pas dans la position d'un
homme qui, dès le commencement des débats,
n'aurait pas voulu se choisir de défenseur ?
L'avocat ne devait-il pas parler malgré l'opposition de son client ? Est-il vrai qu'il ne fût
que le mandataire de son client ? La défense
n'est-elle pas d'ordre public ? N'est-ce pas une
forme indispensable de l'administration de la
justice criminelle ? Le président de la Cour ne
devait-il pas enjoindre d'office à l'avocat de
plaider, au lieu de passer immédiatement à
son résumé, sans faire la moindre réflexion,
ni sur la résolution du client de rester indé-
fendu, ni sur l'acquiescement du défenseur ?

Ayrault résout ainsi la question : « La dé-
» fense, dit-il (p. 496), est de droit naturel :
» et nonobstant telle déclaration, le juge or-
» donnera que l'accusé alléguera ses défenses,
» s'il a reproche contre les témoins, et preuve
» pour en informer. S'il y a autre qui le veuille
» défendre, il l'admettra, appellera les pa-
» rens, lui-même *quæret de innocentiá*,
» comme dit Ulpien en la loi, *si non defen-*
» *datur*, au Digeste *de pœnis*. »

Carpzovius dit aussi que la faveur de la
défense est telle, que le juge doit, *d'office,*

rechercher les moyens justificatifs, *les faire valoir*, et les *suppléer de son chef ;* en un mot, qu'il doit aïder et secourir l'accusé de toutes ses forces et de toutes les manières. *Favor defensionis postulat ut ipsemet judex ex officio defensiones rei quærere , easque supplere , et quoquo modo adjuvare debeat.* Il doit prendre tous ces soins, encore bien que l'accusé semble s'oublier lui-même, et ne le demande pas : *quamvis reus hoc non petat* (Pract. rer. crimin. *Quæst.* 45', *n°* 13, *p.* 120). A plus forte raison le doit-il, quoique l'accusé soit assez aveugle pour déclarer qu'il renonce à être défendu, et qu'il laisse le champ libre à l'accusation.

§ 10.

Du Ministère public.

« Nous avons, selon Montesquieu , une loi admirable (1) , c'est celle qui veut que le prince, *établi pour faire exécuter les lois,* prépose un

---

(1) « Cependant, dit Ayrault, n'avons-nous pas ouï-
» dire souvent que monseigneur de L'Hospital ,. chan-
» celier, soutenait que l'office des gens du roi n'était
» point nécessaire en la France? » (*p.* 172.) Voyez les
raisons , *ibid.*

officier dans chaque tribunal, pour poursuivre en son nom tous les crimes. » (*Esprit des lois, liv.* 1, *chap.* 1.)

Le ministère public soutient l'accusation ; mais ce ne doit pas être avec l'ardeur permise à l'avocat qui défend son client. Plus de sang-froid est recommandé au magistrat. Ce qu'il perd en chaleur, il le recouvre en dignité, en im-partialité, et par la confiance qu'inspire tou-jours l'organe de la loi, quand il en conserve le langage.

MM. les avocats-généraux ont-ils le droit d'interrompre l'avocat ? C'est leur adversaire ; il est tout simple qu'ils ne soient pas d'accord avec lui....

Peuvent-ils empêcher l'avocat de prendre acte d'un fait qui se passe à l'audience ? Ne leur suffit-il pas de protester contre les induc-tions qu'on en tire, et de faire à ce sujet des réserves ?...

Peuvent-ils circonscrire la défense, sous prétexte que la *doctrine* plaidée est fausse, dangereuse, etc. ? Non sans doute, ils ont seulement le droit d'y répondre. Si ce qu'a dit l'avocat passe toutes bornes, ils ont le droit de conclure et de requérir la Cour de statuer. Mais ils ne peuvent pas se faire justice à eux-mêmes, par des interruptions, auxquelles le respect qu'on leur porte empêche qu'ils ne soient exposés. Sans cela, l'accusation aurait trop d'avantages sur la défense ; tandis que tout doit être égal entre elles, si même la faveur n'est pas pour celle-ci.

S'il arrivait qu'un avocat-général élevât une prétention mal fondée, l'avocat, fatigué par un pouvoir sur lequel il n'a pas d'action personnelle, pourrait, à son tour, en appeler à la justice de la Cour, qui devrait prononcer contre l'avocat-général. On a vu cela arriver deux ou trois fois.

On a vu aussi des avocats-généraux sortir évidemment de l'accusation. Ainsi, M. Madier de Montjau père s'est plaint à la Cour de cassation, de ce que son fils avait été attaqué nominativement par un avocat-général, dans une affaire où il n'était nullement partie. Ces excursions sur le mérite des gens qui ne sont point en cause, sont véritablement des actes extra-judiciaires.

J'ai entendu un autre avocat-général, déclamant contre les *doctrines* en général, en prendre texte pour se déchaîner contre la *constitution des cortès*, l'appeler démagogique, anarchique, etc. Convient-il donc qu'un avocat-

général s'écarte, à ce point, de la question ; et
qu'à l'occasion d'une affaire particulière, il aille
de son chef déclarer, pour ainsi dire, la guerre
à l'étranger ?—Et si l'accusé avait voulu répondre sur le même ton, et prendre le parti de la
constitution des cortès, comme il eût été promp-
tement interrompu et ramené à son fait particulier ! —Eh bien, M. l'avocat-général méri-
tait d'être aussi *rappelé à la question ;* et même,
entre deux écarts de ce genre, j'excuserais plutôt un accusé qui se tromperait à ce point sur sa
défense, au milieu du trouble que lui cause son
propre péril ; qu'un magistrat qui, ne risquant
rien pour lui-même, a tout son sang-froid et
ne doit jamais s'en séparer.

§ II.

Résumés des Présidens.

Ces résumés ont pour objet de reposer l'attention de MM. les jurés, souvent fatigués par
de longs débats, en leur retraçant en peu de
mots, les charges de l'accusation et les défenses de l'accusé.

Les qualités fondamentales d'un bon résumé, sont la clarté et l'impartialité.

La clarté, pour que le jury saisisse aisément l'affaire ; l'impartialité, pour qu'il la saisisse sous son vrai point de vue.

Est-il permis à un président qui résume l'affaire, de donner *son avis personnel ?* — Il nous semble que non : car le premier devoir du juge est de ne pas s'ouvrir de son opinion avant le jugement. D'ailleurs, la loi le charge de *diriger* le débat ; elle ne lui permet pas de *l'influencer.*

Si cependant, comme je l'ai vu quelquefois pratiquer, un président, au lieu de résumer simplement ce qui a été dit, ajoute des moyens nouveaux qu'il tire de son propre fonds, devra-t-il être permis de lui répondre ? La raison le dit ; car autrement l'accusé pourrait se trouver attaqué après coup, sur des points restés sans défense. — On objectera que la loi n'autorise pas le défenseur à parler après le résumé. La réponse est que la loi a pensé qu'un résumé ne serait que ce que le mot signifie, c'est-à-dire, qu'il consisterait à reproduire en bref ce qui aurait été dit plus longuement ; mais enfin ce qui aurait été dit et ce à quoi par conséquent on aurait eu la faculté de répondre. Mais si ce résumé change de caractère, il appelle évidemment une réplique.

CHAPITRE VII.

Du Jury.

——•◦•——

« L'INSTITUTION du jury restera-t-elle ce
» qu'elle est ? cette seule question ne suffit-elle
» pas pour soulever des tempêtes ? *le mot*
» *de réforme ne sort-il pas de toutes les*
» *bouches* (1) ? »

§ 1.

Abus dans l'Organisation actuelle du Jury.

Cette ancienne institution, long-temps en
vigueur chez nos pères, tombée en désuétude
pendant plusieurs siècles d'anarchie et de despotisme, remise en honneur sous le règne de
Louis XVI, est aujourd'hui l'une des garan-

---

(1) Discours de M. Bertin-de-Vaux, à la séance de la
Chambre des députés, du 12 avril 1821. (Journal des
Débats du 13.)

ties auxquelles la nation tient le plus, malgré les crians abus qui entravent son exercice.

Ces abus ont été signalés dans une foule de réclamations et de pétitions.

La plus récente est celle adressée le 16 décembre 1820, par le colonel Duvergier, à la Chambre des députés. Il y résume en ces termes les principaux vices de l'institution, telle qu'elle est, dit-il, actuellement pratiquée :

« Messieurs, parmi les réclamations que vous accueillez toujours avec intérêt, vous distinguez surtout celles qui sollicitent le redressement d'un grief personnel, et celles qui, signalant des abus généraux, peuvent donner lieu à une proposition de loi.

» La mienne réunit ces deux caractères.

» Accusé, je viens réclamer contre une prévarication qui compromet mon repos et ma liberté ; citoyen, je viens vous dénoncer des abus scandaleux, et solliciter une loi qui en prévienne le retour.

» Depuis long-temps, Messieurs, le cri public s'élève contre la disposition du Code d'instruction criminelle qui confie aux préfets le choix des jurés appelés à prononcer sur la réputation, la fortune et la vie des citoyens ; disposition qui, confondant ce qui doit essen-

tiellement être séparé, met le pouvoir judiciaire dans la main du pouvoir exécutif, fait
du jury une commission, et livre la destinée
de tous les Français à la discrétion d'un agent
salarié et destituable.

» Déjà, l'année dernière, un membre de
cette Chambre (1) avait appelé votre attention
sur cet objet important ; vous avez pris sa
proposition en considération : depuis ce temps
les abus n'ont fait que s'aggraver d'une manière effrayante : leur répression est donc de
la dernière urgence.

» Parlons d'abord de ce qui me concerne.

» Accusé d'un délit politique, j'ai été, le 27
novembre dernier, traduit devant un jury.

» L'article 399 du Code d'instruction criminelle, qui permet aux accusés de récuser un
certain nombre de jurés portés sur la liste générale, semblait m'offrir une garantie. Dans
les causes politiques on sent assez combien un
accusé a d'intérêt à écarter les jurés dont l'o-
pinion politique est fortement prononcée dans
un sens opposé à la sienne : dans les causes
où l'autorité est partie, on sent combien il importe d'écarter les jurés placés, par leurs fonc-

_____

(1) M. Manuel.

12*

tions ou leurs traitemens, sous la main de l'autorité. Nulle cause de suspicion n'est plus légitime : c'était aussi dans cet esprit que je me proposais d'user du droit de récusation qui m'est conféré par la loi.

» Les agens de l'autorité ont rendu, Messieurs, ce droit illusoire ; ils ont eu soin de ne composer la liste générale que d'hommes peut-être honorables sous tous les autres rapports, mais dont les opinions politiques, extrêmes dans un sens opposé à celui qu'on supposait aux accusés, rendaient toute récusation vaine, et assuraient au pouvoir accusateur, quelles que fussent les récusations, un jury trop justement redoutable aux accusés par les préventions qui pouvaient séduire son jugement, tromper sa conscience, égarer son impartialité.

» Ainsi, sans me refuser dans la forme le droit de récusation que la loi m'accorde, on m'en a dépouillé par le fait, en composant la liste générale de manière à ne me laisser que le choix des dangers, à ne me laisser pour juges que des adversaires. Persuadé que le droit de récuser qui m'était offert dans la chambre du conseil, n'était qu'une dérision, j'ai positivement déclaré n'en vouloir pas user.

» Voilà, Messieurs, le sujet de mes plaintes personnelles ; mais ces prévarications coupables n'ont pas seulement eu lieu envers moi ; l'abus est devenu général, permanent ; il est constant, il est public que, surtout depuis l'année dernière, les Français ne sont plus jugés, en matière politique, que par *commissaires*.

» Ici la notoriété publique me dispenserait de preuves ; les agens du pouvoir, non contens de fouler aux pieds la justice et l'honneur, n'ont pas même daigné sauver les apparences.

» On sait que le choix des jurés est confié à un individu qu'il est superflu de nommer, connu par l'exagération de ses opinions, élevé *pour cette unique fonction*, du rang de simple employé à celui de chef : on sait qu'il existe des cartons où sont conservés les noms des jurés *sûrs* (suivant le langage du parti), et que c'est là que l'on puise toutes les fois qu'il se présente à juger des causes politiques.

» Je crois pourtant, Messieurs, devoir vous faire remarquer quelques faits, qui rendront manifestes à vos yeux les manœuvres que la voix publique vous a déjà signalées.

» 1°. Si l'on parcourt les listes des jurés

depuis neuf à dix mois, et que l'on prenne
des informations sur les individus qui y sont
portés, on reconnaîtra que *tous* (à un très-
petit nombre d'exceptions près) appartien-
nent à une seule opinion politique : croira-t-
on que le hasard seul ait amené un résultat si
étrange et si favorable aux accusations dans
une ville où (comme l'ont prouvé à diverses
époques les votes électoraux) l'opinion en
question est loin d'avoir pour elle l'unanimité
ou même la majorité ?

» 2°. Ces listes sont en outre toujours com-
posées, pour *un tiers environ d'employés ou
de salariés de l'autorité*, quoique sans doute
ces employés et ces salariés ne forment pas
un tiers de la population.

» 3°. Ces listes contiennent des noms qui
se retrouvent sur les listes de l'année précé-
dente , et même sur les listes de l'année cou-
rante , à des époques plus ou moins rapprochées, quoique, suivant le cours naturel et régulier des choses , les fonctions de juré ne se
renouvellent , pour chaque citoyen , qu'environ tous les quatre ou cinq ans.

» 4°. Un usage constant avait jusqu'alors
dispensé les conseillers d'État, les adjoints de

maire des fonctions de juré ; cependant ces listes portent les noms de plusieurs conseillers d'État et adjoints de maire.

» 5°. Les condamnations prononcées, depuis l'époque ci-dessus indiquée, en matière politique, n'ont frappé que sur les hommes d'une seule opinion exclusivement : les hommes de l'opinion contraire, quoique assurément ni leur conduite ni leur langage ne soient exempts d'écarts, n'ont presque jamais été mis en jugement, au moins à Paris, et pas un n'a subi de condamnation.

» 6°. A cette époque les poursuites en matière politique étaient médiocrement fréquentes, et cependant en cette matière, comme en toute autre, le nombre des absolutions balançait à peu près celui des condamnations (partage qui semble garantir l'équité des jugemens d'alors) : depuis, quoique la censure, qui a soumis les journaux à un tribunal préventif, ait dû diminuer le nombre des accusations, on les a vues se multiplier d'une manière immodérée; et, ce qui n'est pas moins étrange, en même temps que les accusations devenaient plus fréquentes, les absolutions sont devenues plus rares, à tel point qu'on en citerait à peine deux ou trois exemples contre un nombre effrayant de condamnations ; et ces condamnations , je le répète , n'ont porté que dans un sens exclusivement.

» Ces faits, et les conséquences qu'il est aisé de tirer de leur rapprochement, ne permettent pas de douter que des manœuvres honteuses n'aient présidé dans ces derniers temps à la composition des jurys ; que des agens du pouvoir n'aient pris des mesures illégitimes pour frauder le droit de récusation au préjudice des accusés, pour assurer les condamnations qu'ils désiraient, et pour réduire à une vaine parodie les formes protectrices du jury ; qu'enfin l'abus commis à mon égard ne soit une suite de ce système criminel.

» Dans ces circonstances il ne m'appartient pas, Messieurs, de dicter vos résolutions ; mais il me semble que ma réclamation est de nature à être renvoyée aux *ministres de l'intérieur et de la justice*, quant au fait particulier dont je me plains ; *au bureau des renseignemens*, quant à l'abus général que je dénonce ; sauf à votre sagesse à prendre telles mesures qu'elle jugera convenables quant à la responsabilité que pourraient avoir encourue les agens du pouvoir. »

Cette pétition n'a amené aucun résultat :

mais lors de la discussion de la loi du 24 mai
1821, sur l'art. 351 du Code d'instruction
criminelle, on est revenu sur l'organisation du
jury; on a parlé du *carton aux hommes sûrs*,
comme en Angleterre on avait parlé du *sac
vert.*

Ces reproches n'ont pas été adressés à l'organisation actuelle du jury par les députés d'un
seul côté; et M. Bertin-de-Vaux a eu raison
de dire: *Le mot de réforme ne sort-il pas de
toutes les bouches?*

§ 2.

*Changemens et Améliorations proposés dans l'Orga-
nisation actuelle du Jury.*

Si les uns se sont empressés de signaler les
abus que présente l'organisation actuelle du
jury, d'autres ont pris soin d'indiquer les moyens
d'y remédier.

Parmi les écrivains qui, en traitant cette
matière, ont payé à la patrie le tribut de leurs
veilles et de leur expérience, on doit distinguer M. Legraverend, que son *Traité sur la
législation criminelle* a placé si haut dans l'estime des jurisconsultes; M. Cottu, qui a joint

l'étude de la législation anglaise à la pratique
de notre propre jurisprudence; M. Heulhard
de Montigny, conseiller à la Cour royale de
Bourges; M. Boyard, substitut du procureur-
général à la Cour de Nancy; M. Guernon de
Rainville, docteur en droit, et avocat à la Cour
de Caen, etc.

Il serait trop long d'analyser toutes les
Observations que ces écrivains, et beaucoup
d'autres encore, ont faites sur notre jury. Mais
il est à remarquer que tous s'accordent sur les
points suivans :

1°. Tous reconnaissent et proclament qu'il
faut retirer aux préfets la formation des listes
de jurés; autrement les citoyens ne seront pas
jugés par des jurés, mais par des *commissaires;*

2°. Tous demandent que des listes générales
soient formées à l'avance; et que les noms n'y
soient pas arbitrairement placés par les agens
de l'autorité, suivant la qualité des procès et
des accusés;

3°. Tous sont d'accord que le sort doit
extraire, de ces listes générales, le jury qui doit
juger dans chaque session;

4°. Tous enfin réclament la publicité pour
toutes ces opérations, parce que la publicité

est le meilleur garant de la bonne foi qui doit y régner.

Il est beaucoup d'autres améliorations de détail qu'il serait utile d'introduire, mais dont j'évite à dessein de donner l'énumération, de peur de paraître trop exigeant. Je me bornerai à l'examen d'un très-petit nombre de questions qui me paraissent capitales.

§ 3.

Récusation des Jurés.

Pourquoi accorder au ministère public, déjà doué de tant d'avantages sur l'accusé, le droit de récuser encore les jurés ? Pourquoi lui donner ce droit à l'égal de l'accusé, et dans la même proportion ? Pourquoi né l'oblige-t-on pas du moins à faire ses récusations le premier ? Pourquoi surtout ne pas permettre aux conseils d'un accusé d'assister à la récusation des jurés, à cette première opération dont peut dépendre son absolution ou sa condamnation (1) ?

----

(1) M. Cottu, dans son ouvrage déjà cité, convient qu'il y a souvent *supercherie* dans la manière dont

On procède au tirage dans la chambre du conseil, un instant avant de monter à l'audience. L'accusé est là seul avec les juges, en présence de 36 jurés, dont il n'a pu retenir les noms avec assez de précision, pour récuser à propos ceux qu'il lui importe d'écarter. Il est ébloui par l'appareil qui l'entoure, tout est nouveau pour lui dans ce spectacle; et il est seul, séparé de son défenseur! La loi n'autorise pas cette exclusion. Elle est du pur fait du juge; c'est un abus.

J'ai cependant vu un exemple, mais un seul exemple du contraire.

Dans l'affaire *des faux bons de réquisition,* nous obtînmes, mais par une sorte de *faveur,* de M. Malleville qui présidait les assises, la *permission* d'assister au tirage et à la récusation des jurés.

Pourquoi n'en pas user de même dans toutes les affaires? Quel danger pour la justice? Aucun; et l'avantage est souvent immense pour l'accusé.

---

quelques présidens tirent le Jury. (*Administration de la Justice criminelle*, p. 312.)

§ 4.

De l'Appréciation des Qualités des Jurés.

La Cour de cassation a jugé plusieurs fois
(notamment par ses arrêts des 19 août et 10
décembre 1813 , et 1er octobre 1814) , « que
l'appréciation des qualités politiques et civiles
des citoyens appartient exclusivement aux autorités administratives ; et qu'il s'ensuit , que
tout citoyen qui a été porté sur la liste des jurés , formée par le préfet du département, est
présumé de droit avoir les qualités politiques
et civiles exigées à peine de nullité par l'article 381. *Aucune preuve* contraire ne peut
être admise par les tribunaux. »

Ainsi, à l'audience de la Cour d'assises , l'accusé démontrerait, pièces en main, que , parmi
les jurés assis pour le juger, il y a des citoyens incapables d'être jurés , par exemple ,
des étrangers ; la Cour ne devra pas l'écouter,
et la *présomption* que le préfet (qui apparemment est infaillible) ne s'est pas trompé sur
les qualités des jurés par lui désignés , l'emporte sur la *preuve* évidente , complète , manifeste , que parmi les jurés se trouvent cepen-

dant un ou plusieurs individus légalement incapables ou indignes de cette fonction !

Ainsi, douze étrangers, Anglais ou Suisses,
mis sur la liste du préfet, pourraient juger à
mort un Français, sans que celui-ci pût se
faire un moyen de leur qualité d'étrangers dû-
ment prouvée, pour les faire exclure du jury !

Pourquoi ne pas laisser aux Cours le droit
de statuer sur l'idonéité des jurés ?

§ 5.

*Pourquoi les Jurés ne donnent-ils pas leur déclaration
sans désemparer?*

En Angleterre, on ne désempare pas que
l'affaire ne soit jugée. Si elle dure trop long-
temps, on apporte aux jurés des vivres, des
lits; on les mène à la promenade pour prendre
l'air et se rafraîchir, escortés de gardes pour
prévenir toute communication.

Notre loi dit aussi (*art.* 353) que « l'exa-
» men et les débats une fois entamés, de-
» vront être continués *sans interruption*; et
» *sans aucune espèce de communication au-*
» dehors, jusqu'après la déclaration du jury
» inclusivement. »

Et cependant, presque toujours lorsqu'une affaire doit excéder la durée d'une audience ordinaire, c'est-à-dire, l'heure sacrée du dîner, on lève le siége, la séance est continuée au lendemain, et chacun se retire chez soi, exposé à toutes les suggestions extérieures que la loi a voulu prévenir.

J'ai vu mieux, ou plutôt j'ai vu pis. Dans une affaire qui a duré vingt-deux jours, il s'est trouvé dans le nombre trois dimanches, pendant lesquels on a interrompu les débats. M. le Président, en remettant au lundi, eut même l'obligeance de mettre en avant pour motif, que plusieurs d'entre MM. les jurés *seraient sans doute bien àises d'aller à la campagne.* — Un des accusés répondit, *et nous*, M. le Président, *notre campagne c'est la prison.* — L'audience est levée.

§ 6.

Communication des Pièces aux Jurés.

On communique des pièces aux jurés ! Ne devrait-il pas au moins être défendu de leur en communiquer d'autres que celles qui ont été lues à l'audience, et qui ont fait la matière du débat ? Sans cela, la conviction pourrait se former à huis clos, sur une pièce que l'accusé n'aurait pas été appelé à contredire. D'ailleurs la loi voulant que le débat soit *oral*, veut que le jury obéisse à l'impression produite par ce qu'il aura *entendu*, et non par ce qu'il aura *lu*. — Je n'excepterais de cette règle que les accusations pour faux en écritures publiques ou privées, et les délits de la presse. Dans ces accusations, il est évident que l'on ne peut juger que sur le vu des pièces et du livre.

§ 7.

De la Majorité nécessaire pour condamner.

La majorité d'une seule voix devrait-elle donc suffire pour entraîner la déclaration de culpabilité ?

Un auteur aussi connu par la profondeur de sa doctrine, que par l'humanité de ses vues, résout ainsi cette grave question : « En quelques lieux, la pluralité suffit, comme en matière civile ; c'est-à-dire, que de *trente et un* juges, *seize* prononçant la mort, tandis que *quinze* auront opiné pour l'absolution, ou le plus amplement informé, l'accusé mourra. Cette jurisprudence ne rassure pas l'innocent ;

et si , *à un près*, la moitié des juges a cru l'accusé non coupable , le public pourra dire avec elle qu'on a égorgé l'innocent. » Prost de Royer, *Accusation*, n° 104.

Mais si la simple majorité ne doit pas suffire, que dira-t-on du cas, possible cependant, où la condamnation sera prononcée par la minorité contre le vœu de la majorité ?.....

(Ici se trouvait placée l'exposition des inconvéniens résultans de l'application de l'article 351 du Code d'instruction criminelle, d'après lequel en effet la minorité des juges, réunie à la majorité des jurés, l'emportait sur la minorité des jurés, quoique renforcée de la majorité des juges. Mais depuis, cet article a été modifié par la loi du 24 mai 1821.....)

La discussion de cette loi a été remarquable, soit devant la Cour des pairs, soit dans la Chambre des députés , par plusieurs beaux discours. Je citerai particulièrement ceux de MM. Barbé-Marbois, Germain, Cornudet, Lally-Tolendal, dont les souvenirs répandent toujours un si vif intérêt sur tout ce qu'il écrit en matière criminelle ! MM. Benjamin Constant, Etienne (1) et Royer-Collard , ce dernier

_____

(1) C'est lui qui a remis en lumière l'article 391, par

13

principalement, ont traité la question avec une grande supériorité.

La loi a passé.... ainsi du moins, la majorité des membres de la Cour sera nécessaire pour lever le doute né du partage des jurés ! mais il suffira de la majorité simple. Or, le temps et l'expérience semblaient avoir démontré le danger de faire dépendre d'*une seule voix* la condamnation d'un accusé !

Je renvoie ici le lecteur au MÉMOIRE que j'ai publié en 1815 *sur la manière d'opiner dans l'affaire de M. le maréchal Ney ;* j'y rassemble les lois anciennes et les lois nouvelles ; et parmi celles-ci, les lois même des temps les plus déplorables ; telles que la loi des suspects du 17 septembre 1793 ; celle des tribunaux révolutionnaires du 22 prairial an 2 ; celle du 13 brumaire an 5, sur les conseils de guerre ; du 18 pluviose an 9 sur les tribunaux spéciaux ; et je montre qu'il n'est pas une seule de ces juridictions, où la simple majorité ait été reconnue comme suffisante pour condamner !

L'amendement de M. Cassaignoles eût pu tout

---

lequel Napoléon s'était « réservé de donner aux jurés » qui auraient montré un *zèle louable ;* des témoigna» ges honorables de sa satisfaction. »

concilier ; il tenait le milieu entre l'unanimité exigée du jury anglais et américain , et des alcades espagnols ; et la simple majorité qui forme la chance actuelle des accusés français : il proposait d'établir que la déclaration du jury pour la culpabilité ne pourrait résulter que de huit voix sur douze.

M. Legraverend avait émis le même vœu à la fin de ses *Observations sur le jury*, p. 108. Par-là , disait-il , le législateur donnera une plus grande sécurité à l'innocence , etc. , etc.

Victrix causa diis placuit....

§ 8.

Jury-mi-parti.

Il existe une très-belle loi en Angleterre. Elle veut que lorsqu'un étranger est accusé d'un crime, le jury qui doit en connaître soit mi-parti d'Anglais et d'étrangers appartenant à la même nation que l'accusé : (il n'y a d'exception que pour les crimes de haute trahison.)

Cette jurisprudence fut attestée dans l'affaire des Anglais (Wilson, Bruce et Hutchinson), par une consultation transmise offi-

13*

ciellement par le gouvernement anglais. On la
trouve imprimée dans l'histoire de leur *Procès,
deuxième édition*, p. 212.

Les prévenus n'invoquaient pas directement
l'application de cette loi ; ils déclaraient même
renoncer personnellement à s'en prévaloir *à
titre de réciprocité ;* mais ne voulant pas, disaient-ils, compromettre pour l'avenir le droit
de ceux de leurs compatriotes qui, plus tard,
pourraient se trouver dans le même cas, ils
demandaient acte de cette déclaration, ainsi
motivée.

La Cour pensa qu'il n'y avait pas lieu à leur
en donner acte : et en effet, j'avoue que nos
lois, n'ayant pas introduit cette forme de procéder, un accusé étranger ne pouvait pas
exiger qu'elle lui fût appliquée.

Mais ne serait-il pas bon de l'introduire (1) ?

Il y a une sorte de grandeur et de généro-
sité, dans cette manière d'appeler les étran-

---

(1) Sous Henri IV, il y avait quelque chose d'analogue dans la composition des tribunaux *mi-partis de
catholiques et de protestans ;* et la précaution n'était
pas inutile, car un parti traite ordinairement le parti
contraire plus encore en ennemi qu'en étranger.

Il fallait que la passion qui les animait l'un contre
l'autre, à cette fatale époque, fût bien forte, puisqu'on

gers eux-mêmes à juger de la réalité du crime
dont leur compatriote s'est rendu coupable sur
un territoire qui leur accorde à tous la même
hospitalité !

Il n'y a même pas à craindre, en pareil cas,
de mollesse ou de complaisance de la part des
étrangers ainsi adjoints au jury national. Il est
certain qu'ils seront plutôt disposés à la rigueur pour justifier la confiance qu'on leur
témoigne (1).

On maintiendrait seulement le droit commun pour les cas de haute trahison, afin que le
salut de l'État ne fût pas remis à la décision
des étrangers.

Puisque je parle des étrangers, je dois dire
un mot ici des interprètes qu'on est dans l'u-
sage d'appeler aux débats lorsque l'accusé ou

---

trouve un arrêt du 13 février 1597, portant que « les
» intérests adjugés contre un débiteur, ses fidéjusseurs
» et cautions, *par les juges du contraire parti*, ne cou-
» rent durant le temps des troubles. » Voyez CARONDAS,
liv. XI. resp. 2; BRILLON, v° *Interests*.

(1) A Gènes, par une singularité remarquable, le
tribunal de la rote criminelle était composé de trois
jurisconsultes *étrangers*, qui ne devaient avoir aucune
espèce d'alliance ni d'affinité avec aucun Génois.
(*Leges novæ reipubl. Genuensis*, cap. I, p. 38.)

les témoins ne savent pas la langue du pays.
Ces interprètes, dira-t-on, sont des inter-
prètes-*jurés*; ils méritent, à ce titre, toute la
confiance de la justice qui les nomme. Cependant, il peut arriver qu'ils ne méritent pas
celle de l'accusé; je voudrais donc qu'il lui fût
permis d'appeler de son côté un interprète
pour contrôler les traductions *officielles* de
M. l'interprète-juré.

Les Perses firent plus en faveur de Thémis-
tocle. Il était accusé par eux d'avoir donné la
mort aux neveux de Xercès. Il ignorait la
langue du pays, et n'eût eu que peu de moyens
pour se justifier si on l'eût jugé sur-le-champ.
Mais les juges (1) lui donnèrent un long délai
pendant lequel il apprit la langue persanne;
et lorsqu'il fut en état de la parler, il se dé-
fendit si bien lui-même, qu'il fut renvoyé
tout d'une voix. (Voyez *Diodore de Sicile.*)

---

(1) Dès long-temps Cambyse avait appris aux tribunaux de Perse à rendre bonne et loyale justice, en
faisant écorcher vif un juge prévaricateur, dont la peau
servit à recouvrir le siége sur lequel vint s'asseoir le
juge qui le remplaça. Le tableau qui représente ce trait
d'histoire est au Muséum. *Erudimini.*

§ 9.

Position des Questions.

Le président pose les questions sur les-quelles les jurés sont appelés à délibérer.

Il pose celles résultant de l'acte d'accu-sation.

Il doit ajouter celles résultant des circons-tances aggravantes.

L'avocat de l'accusé a le droit de parler sur la position des questions.

Mais il n'a pas le droit d'exiger qu'on pose telle ou telle question : son droit se borne à le requérir , sauf à la Cour à statuer.

Peut-être serait-il bon d'établir que l'accusé ou son conseil, aurait dans tous les cas le *droit* de poser en question le fait dont il pré-tendrait faire résulter l'excuse; tel que la dé-mence, le défaut d'intention, le défaut de préméditation. Cela constituerait *un droit* pour l'accusé.

Mais il est hors de doute, par exemple, que l'avocat-général, qui voit l'accusation princi-pale lui échapper, n'a pas le pouvoir de subs-tituer aux questions, qui résultent du résumé de l'acte d'accusation, des questions *subsi-diaires*, ou incidentelles, comme on l'a vu tenter dans l'affaire des troubles de juin.

Cette tentative du ministère public est ainsi rapportée dans les journaux du 14 janvier 1821 :

« Après toutes les plaidoiries, M. l'avocat-général requiert la position de *nouvelles ques-tions*, dont il présente la série. Elles sont particulièrement relatives à Collin, Fayolle, Adam, Croutelle et Cailleteau, contre lesquels elles admettent des circonstances aggravantes. On y demande pour Fayolle, s'il était chef d'un attroupement au faubourg Saint-Antoine, dans la journée du 5 juin ? »

« Cet incident nouveau *qui change l'ordre de l'acte d'accusation*, amène un long débat entre les avocats, le ministère public, et M. le président. MM. Target, Mérilhou, Lorelut, présentent et déposent des conclusions écrites dont ils demandent acte à la Cour, chacun en ce qui concerne son client, conclusions qu'ils développent ensuite, et qui s'accordent à soutenir qu'*il n'y a pas lieu à la position de ques-tions nouvelles*; que l'accusation ne peut plus être ni changée ni rectifiée ; que s'il s'agit de nouveaux faits contre les accusés, il y a prescription ; et une fin de non-recevoir, s'il s'agit des mêmes faits que l'on voudrait qualifier autrement que dans l'acte d'accusation. Les avocats déclarent encore que le réquisitoire improvisé de M. l'avocat-général est une *tentative inouïe, insolite, qui rendrait le ministère public maître de l'accusation, tandis qu'il ne doit en être que l'organe.* »

« Enfin, après deux heures de débats, la Cour se retire dans la chambre du conseil, pour décider si les questions nouvelles seront posées, oui ou non. Il était trois heures un quart. A cinq heures, la Cour rentre en séance, et rend un arrêt portant qu'*il ne sera posé d'autres questions que celles contenues dans l'acte d'accusation.* »

_____

(*) M. de Schonen.

§ 10.

Avantages du Jury.

Après avoir signalé les principaux abus qui se sont introduits dans l'organisation du jury, et avoir indiqué les remèdes qu'il conviendrait, selon nous, d'y apporter, nous terminerons par remettre sous les yeux du lecteur la belle *Proclamation* de Louis XVI aux Français, *concernant l'exécution de la loi des jurés* (du 15 janvier 1792).

On y verra quelle estime le vertueux monarque accordait à cette institution ; à quel point il la regardait comme la sauve-garde des citoyens ! Et ceux-ci y trouveront, je l'espère, de nouveaux motifs de la chérir et de la défendre comme le palladium de leur liberté.

« Français,

» *Le pouvoir judiciaire est le véritable lien des institutions sociales ;* sans lui aucun citoyen ne pourrait compter sur la libre jouissance de ses premiers droits, sur la propriété de sa personne et de ses biens ; sans lui votre

législation nouvelle vous promettrait en vain
de si grands avantages.

» Mais c'est par l'action redoutable et continue qu'il exerce contre le crime et ses auteurs, que ce pouvoir tutélaire intéresse d'une
manière plus immédiate et plus profonde,
non-seulement la société en général, mais
chacun de ses membres en particulier.

» Aussi l'Assemblée constituante, non moins
soigneuse de garantir à tout individu sa liberté,
son honneur et sa vie, que de maintenir la
sûreté publique, s'est-elle attachée, avec une
sorte de préférence, à bien ordonner le système de vos lois criminelles; et cette branche
de ses travaux est une de celles où brille émi-
nemment sa sagesse. *De peur que le juge ne
devînt plus redoutable que la loi,* elle n'a conféré le droit de punir ni à un homme, ni à un
corps; elle a divisé tout à la fois et les re-
cherches nécessaires pour la découverte des
délits, et les fonctions attribuées aux ministres
de la justice; la plainte, l'accusation, la conviction ne sont plus sous la dépendance d'un
seul et même tribunal, et le partage de la
puissance prévient l'oppression et la tyrannie.

» *Français,* tel est l'esprit de ces lois que
vous devez recevoir comme un des plus beaux

présens que la raison ait fait à l'humanité.

Le roi se félicite de voir enfin, sous son rè-
gne, une législation douce, humaine et appro-
priée à une constitution libre, substituée à un
système oppressif, plus propre à effrayer l'in-
nocent qu'à faire trembler le criminel. Il se
fait gloire d'avoir commencé à purger le Code
de plusieurs de ces atrocités légales dont son
cœur gémissait, et d'avoir préparé les esprits
à ce que l'Assemblée nationale a exécuté. Il
voulait comme elle que la loi protégeât l'accusé
en punissant le crime, qu'elle respectât jusque dans le coupable la qualité d'homme, et
que le supplice même ne fût qu'un sacrifice
fait à la sûreté publique.

» Tous ses vœux à cet égard vont être remplis ; mais ce n'est pas seulement sous ce point
de vue que cette institution est belle, elle l'est
encore par son heureuse influence sur les mœurs
nationales.

» La loi des jurés investissant chaque particulier d'une véritable magistrature, fera naître
et nourrira dans tous les cœurs ce respect de
soi, source des vertus privées, et garant des
vertus publiques, ce sentiment de la dignité
personnelle qui ennoblit toutes les affections.
Chaque citoyen, appelé à devenir tour à tour

l'arbitre de la destinée de chaque citoyen, saura s'estimer, sentira mieux le prix de l'estime, et reconnaîtra le vrai principe de l'égalité. L'accusé pouvant opposer à la malignité d'un accusateur, et même aux plus redoutables probabilités, le témoignage de sa vie entière; les citoyens sentiront profondément le besoin d'une réputation pure, qui commande l'habitude des vertus : ainsi s'agrandira encore le génie national; ainsi se développera le véritable esprit de la liberté, et de nouveaux liens de fraternité uniront tous les Français.

» Voilà, *Citoyens*, la perspective que vous offre votre législation criminelle; voici les obligations qu'elle vous prescrit. Les intérêts de la société, les droits de l'humanité sont remis entre vos mains; vous vous rendez coupable envers l'une, si vous écoutez une molle indulgence; vous offensez l'autre, si vous outrez la sévérité légale. Votre conscience, voilà votre guide; la justice, votre règle; l'impartialité, votre devoir. Oter au crime l'espoir de l'impunité, soustraire l'innocence à la crainte de l'oppression ou de l'erreur des tribunaux, et le juge à l'empire de sa volonté propre, telle est la perfection d'un système de lois criminelles, tel est l'objet des fonctions augustes qui vous sont confiées.

» Vous plaindriez-vous des dérangemens passagers qu'elles vous coûteront quelquefois ? Non : *la Liberté, vous le savez, n'est pas un bien que l'on puisse acquérir sans combat, ni conserver sans sacrifice ;* il vous convient de prouver à l'Europe, par un zèle ardent à remplir les devoirs que vous impose l'honorable titre de citoyen, que vous êtes dignes de le porter. *Vos ennemis ont trop remarqué votre peu d'empressement à exercer dans les assemblées primaires et électorales, le plus important des droits politiques du citoyen dans un gouvernement représentatif.* FRANÇAIS, *bannissez donc cette funeste indifférence, ou, avec une constitution libre, vous ne ferez pas des hommes libres ; et, avec de bonnes lois, vous ne jouirez qu'imparfaitement des biens que de bonnes lois assurent.* »

CHAPITRE VIII.

Du Jugement.

§ 1.

Des Jugemens par contumace.

LES Romains tenaient pour maxime qu'un absent ne pouvait pas être condamné, parce qu'il n'était pas en état de se défendre. *Ne quis* ABSENS *puniatur ; et hoc jure utimur, ne absentes damnentur ; neque inauditâ causâ quemquam damnari æquitatis ratio patitur.*

Recherchez le coupable, faites-le arrêter ; mais si vous ne le trouvez pas, ne le condamnez pas, par provision, sans l'entendre. Ne commencez pas par le déshonorer et le ruiner. Il vaut bien mieux suspendre un acte équivoque de justice, qui, dans le vrai, ne signifie rien puisqu'il tombe à la seule apparition de l'accusé, que de vous exposer à faire une injustice. Tel était l'esprit de la jurisprudence romaine.

Chez nous, au contraire, on répute un homme coupable, par cela seul qu'il ne se présente pas (1), et qu'il ne vient pas tendre le col à l'accusation.

Cette jurisprudence n'est pas raisonnable.

N'y a-t-il pas mille circonstances où le premier soin d'un accusé doit être de se cacher? S'il est poursuivi à la requête d'une famille puissante ou d'un homme en crédit; s'il existe contre lui prévention ou inimitié; s'il s'agit d'une affaire politique et qu'il ait pour juges ou pour jurés des *gens du contraire parti*, etc., etc. Dans tous ces cas et autres semblables, n'est-il pas prudent de se soustraire au premier choc de la procédure, et d'éloigner de soi un jugement qui pourrait n'être pas impartial?

L'absurdité même de l'accusation n'est pas un motif pour rassurer l'accusé; elle est au contraire un indice de la haine qu'on lui porte, puisqu'on l'accuse contre toute raison.

Aussi, qui n'a entendu citer le mot du premier président de Harlai? *Si l'on m'accusait d'avoir mis dans ma poche la grosse cloche de*

___

(1) C'est probablement de là qu'est venu le proverbe : que *les absens ont toujours tort.*

Notre-Dame, je commencerais par fuir, et je me défendrais de loin.

Et encore, non, il ne lui serait pas permis de se défendre de loin ; car la barbarie de nos lois est demeurée telle en ce point, que l'Assemblée constituante elle-même a laissé subsister dans son décret d'octobre 1789, sanctionné le 25 avril suivant, *qu'il ne serait donné aucun conseil aux accusés contumax ou absens.*

Le Code pénal de 1810, art. 468, n'avait garde d'omettre cette disposition.

Les rédacteurs de ces lois, ou du moins de la première, n'ont donc pas réfléchi que la condamnation des contumax avait sa source dans les pratiques violentes du régime féodal.

Qui confisque le corps confisque les biens, était une des maximes de ce droit.

Or, si l'on avait observé la règle du Droit romain, l'absent, le contumax ne pouvant pas être condamnés en leur corps, n'auraient pas pu être saisis et dépouillés de leur fortune. Quel tort pour les caisses féodales !

Au lieu de cela, on a érigé en maxime que c'était une sorte de despect et de félonie, de décliner par la fuite la juridiction de son seigneur ; et que par conséquent celui-ci ne pou-

14

vant s'en prendre à la personne de son vassal, pouvait toujours s'en prendre à ses biens.

Comment un tel système a-t-il pu se perpétuer sous l'empire de la Charte, qui prononce d'une manière générale et sans réserve *l'abolition des confiscations?*

Vainement dira-t-on que la confiscation n'est pas définitive; que ce n'est qu'une mainmise, un séquestre. — Je répondrai que la mesure n'en est que plus odieuse.

Autrefois la confiscation préalable des biens du contumax, pouvait devenir définitive ; et, dans ce cas, la rigueur du prélude se trouvait justifiée par la sentence finale.

Mais aujourd'hui la confiscation ne peut jamais être prononcée contre un accusé présent, par un arrêt contradictoire; et elle peut l'être de fait contre un absent qui n'a été jugé que par défaut ! L'absent, présumé coupable, et qui peut être innocent, doit-il donc être traité plus sévèrement que l'accusé présent et convaincu ?

S'il est interdit par la Charte de ruiner la femme et les enfans par une confiscation irrévocable, est-il permis de les ruiner et de les plonger dans la misère par une confiscation temporaire ? Car telle est l'étrange sévérité de cette loi , qu'elle ne fait même pas au fisc une obligation de fournir des alimens à la femme et aux enfans du contumax. L'article 475 se contente de dire que , « durant le séquestre , » *il peut* être accordé des secours à la femme, » aux enfans, au père ou à la mère de l'ac- » cusé, s'ils sont dans le besoin. »

Donc, il peut aussi leur en être refusé.!...

Mais pourquoi cette étrange différence dans la manière de procéder au civil et au criminel?

Au civil, si le défendeur ne se présente pas et n'a pas constitué avoué, l'article 150 du Code de procédure dit que « le défaut sera » prononcé à l'audience , sur l'appel de la » cause ; et les conclusions de la partie qui le » requiert seront adjugées *si elles se trouvent* » JUSTES ET BIEN VÉRIFIÉES. »

Et, en matière criminelle, la condamnation va, pour ainsi dire, de droit ! Non-seulement la loi dit que, « aucun conseil, aucun avoué » ne pourra se présenter pour défendre l'ac- » cusé contumax (*art.* 468) ; » mais elle refuse même aux parens et aux amis de l'accusé le droit d'élever la voix pour lui. Elle leur per- met seulement d'expliquer la cause de son absence ; mais elle leur interdit de discuter le

14*

fond de l'accusation. Loin d'appeler la lumière,
elle la repousse ; le père pour son fils, le fils
pour son père, l'épouse pour son mari, le
frère pour son frère, sont non-recevables à
soutenir que l'accusation est *injuste* et qu'elle
n'est *pas prouvée.* On enlève même la connaissance de l'affaire aux juges naturels du fait ;
les jurés ne sont pas admis à donner de déclaration dans les procès par contumace ; les
juges seuls en connaissent ; il semble que ce
soit une simple forme à remplir ; une condamnation indifférente à prononcer !

Et quel motif donne-t-on à cette rigueur ?
Que c'est manquer de respect à la justice que
de ne pas répondre à son mandat ! Quelle
petitesse ! comme s'il s'agissait là de révérence
et de civilité !

La loi dit : *Si l'accusé ne comparaît pas....*
Elle ne dit pas : *S'il a la malhonnêteté de ne
pas comparaître ;.... s'il est assez mal appris
pour ne pas se présenter....*

Le juge, en pareil cas, doit plaindre l'absent ; son devoir est de le présumer innocent,
et de ne céder jamais, en condamnant, qu'à
la preuve hautement acquise de sa culpabilité.

Je pense bien que les juges qui prononcent

contre les contumax font toutes ces réflexions. Ce n'est pas eux que j'accuse ; mais je crois la législation vicieuse, en ce que :

1°. Il ne devrait pas être permis de juger un absent ;

2°. En tout cas, il ne devrait pas être interdit aux juges d'écouter la défense qui serait présentée pour lui par un conseil, un parent, un ami.

Cela n'empêcherait pas de condamner les coupables ; cela sauverait beaucoup d'innocens.

§ 2.

Frais.

Les dépens sont la peine des téméraires plaideurs.

Ainsi, celui-là seul qui perd son procès, doit être condamné aux dépens.

« Toute partie qui succombera, sera condamnée aux dépens, » porte l'art. 180 du Code de procédure civile.

Au criminel, si le ministère public ne réussit pas dans l'accusation, les frais restent à la charge de l'État.

L'accusé les supporte, s'il y a condamnation. S'ils sont plusieurs, on pourvoit encore à l'effi-

cacité de la condamnation , par la solidarité
établie entre eux.

Il en doit être de même, lorsqu'un plaignant
s'est rendu partie civile. Le Code d'instruction
criminelle le dit en plusieurs endroits , et notamment dans l'art. 368 : « La partie civile *qui*
» *succombera* , sera condamnée aux frais en-
» vers l'État. »

Voilà qui est juste et assurément bien clair.
Mais à cette *loi* on oppose le *décret* , tout
impérial , du 18 juin 1811 , dont l'art. 157 est
ainsi conçu : « Ceux qui se seront constitués parties civiles , *soit qu'ils succombent ou non*, seront
personnellement tenus des frais d'instruction ,
expédition et signification des jugemens , sauf
leur recours contre les prévenus ou accusés ,
qui seront condamnés , et contre les personnes
civilement responsables du délit. »

Les parties civiles qu'on a voulu condamner
en vertu de ce décret , quoiqu'elles n'eussent
pas succombé , et qu'au contraire elles eussent
obtenu leurs fins, se sont récriées, et ont invoqué les dispositions du Code d'instruction criminelle, en soutenant qu'un simple décret n'a-
vait pas pu y apporter de dérogation.

La question s'est présentée même depuis la
promulgation de la Charte ; et voici comment

la Cour de cassation l'a résolue, notamment
par arrêt du 27 mai 1819, dans une espèce où
la Cour d'assises du département des Côtes-
du-Nord avait refusé de faire prévaloir le décret
sur la loi.

« Attendu que les actes de l'ancien gouvernement, promulgués et exécutés comme lois
sans opposition de la puissance législative, et
dont les dispositions ne sont pas contraires au
texte de la Charte constitutionnelle, doivent
conserver, jusqu'à ce qu'ils aient été révoqués,
la plénitude de leur exécution;

» Qu'ainsi le décret du 18 juin 1811, jusqu'à ce jour constamment exécuté et non révoqué, est réputé avoir le caractère de loi, et
doit en avoir l'autorité;

» Que, par conséquent, le ministère public
près la Cour d'assises du département des Côtes-
du-Nord, a pu et dû requérir, dans le cas qui
lui était applicable, l'exécution de l'art. 157
de ce décret;

» Que c'est ce qu'il a fait en concluant dans
l'espèce à ce qu'en exécution de cet article, les
parties civiles fussent condamnées aux frais envers l'État, sauf leur recours envers Louis
Oumès, condamné;

» Que néanmoins la Cour d'assises a refusé de prononcer cette condamnation ;

» En quoi elle a violé l'article 157 du décret du 18 juin 1811 : Casse, etc., etc. ».....

Par suite de cet arrêt, bien favorable assurément aux intérêts du fisc, MM. les procureurs-généraux ont reçu des recommandations très-précises de ne pas négliger ce qu'avait d'utile l'application de l'article 157.

La chose est au point que, dans la malheureuse affaire de madame la maréchale Brune, M. le procureur-général de Riom, quoiqu'il y ait mis d'ailleurs tous les ménagemens convenables, s'est cru obligé de requérir, et la Cour a cru ne pouvoir se dispenser d'ordonner que madame la maréchale serait tenue d'avancer les frais du procès, sauf son recours contre un portefaix !

Ainsi, voilà une malheureuse veuve, dont le mari a été lâchement assassiné, à qui l'on devait une justice prompte, éclatante et gratuite, qui a été obligée de se porter partie civile, parce que tel était son devoir, et que d'ailleurs l'inaction de l'autorité lui en faisait une nécessité ; la voilà, dis-je, obligée de prendre sur le peu de biens qui lui reste, pour

payer le coût de la justice tardive qu'on lui a
rendue, et de le payer d'autant plus cher, que
la mollesse et la lenteur des poursuites ont davantage prolongé l'instruction ! Si elle n'avait
pas de quoi payer, on aurait même contre elle
la contrainte par corps, et la veuve d'un général français irait expier en prison l'imprudence
de s'être rendue partie civile, c'est-à-dire, d'a-
voir demandé aux lois vengeance du meurtre
de son époux !

Cette jurisprudence est inique ; elle est
illégale !

Elle est inique ; car il est contre toute raison
de punir une partie civile d'avoir imploré le
secours de la justice, lorsque l'arrêt qui condamne le coupable, atteste la réalité du crime
et le bien fondé de l'action.

Elle est illégale ; car elle est contraire au
texte formel du Code.

On objecte le décret de 1811 ; mais un décret n'est pas une loi ; et si, dans certains cas,
où il n'y a pas de lois précises, on a pu tolérer que la lacune fût remplie par des décrets ;
dans le cas où il existe des lois positives, il ne
devrait pas être permis de faire prévaloir de
simples décrets.

Napoléon lui-même n'exigeait pas qu'il en

fût ainsi : car, dans une espèce où il s'agissait d'une extension donnée par voie d'interprétation, dans un avis du Conseil d'État, confirmé par décret, aux lois abolitives des rentes féodales; Napoléon, à qui l'on rapporta que la Cour de cassation avait étendu cette abolition même aux contrats faits par des particuliers *non seigneurs*, répondit : « La Cour de cas- » sation a montré trop de déférence pour l'avis » et le décret dont il s'agit. »

(Ce fait est rapporté officiellement par M. le procureur-général de la Cour de cassation, dans le nouveau Répertoire, additions, vol. 15, 4e édit., v° *rente seigneuriale*, § 2.)

La loi romaine nous enseigne qu'entre l'équité naturelle et le droit positif, le législateur seul peut prononcer. *Inter æquitatem et jus interpositam interpretationem soli legislatori et oportet et licet inspicere.(L. 1 et 9, C. de legibus.)*

De même, dans le combat élevé entre une loi et un décret, et surtout un décret inique qui dérogerait à une loi juste, c'est la loi qui doit l'emporter.

Vainement dira-t-on que la Charte a maintenu les décrets; elle a aussi maintenu *les lois;* elle ne parle même que des lois; la Charte qui nous rappelait au régime constitutionnel, n'a

donc pas voulu que la disposition formelle
d'une loi disparût sous la disposition purement
réglementaire d'un décret.

On rappelle l'ancienne voie ouverte par la
constitution de l'an 8, pour faire déclarer les
décrets inconstitutionnels. Mais d'une part,
l'exercice de cette faculté était confié à des
autorités mixtes qui ont disparu. (Le Tribunal
devait dénoncer l'acte inconstitutionnel au Sénat ; et depuis long-temps il n'y a plus ni sénat
ni tribunat ; le recours est donc impossible.)

Ensuite on a vu que Napoléon lui-même
n'avait pas de ses décrets une opinion aussi
exagérée que les conseillers d'État et de cassation, puisqu'il trouvait que l'on avait trop
déféré à l'autorité de l'un d'eux.

Enfin, je le répète, la question ne pourrait
s'agiter raisonnablement qu'à l'occasion d'un
décret qui aurait statué législativement sur une
question non décidée d'ailleurs ; alors seulement, on pourrait préférer le régime du décret à l'absence de toute loi. Mais, lorsqu'il
y a une loi, une loi précise, une loi équitable,
une loi évidemment maintenue par la Charte,
il y a injustice, illégalité, inconstitutionnalité,
à lui préférer la disposition arbitraire, usurpa-
trice et lésive d'un simple décret fiscal !

La Cour de cassation a rejeté plusieurs fois
des pourvois formés pour prétendue violation
d'anciennes ordonnances, et elle s'est fondée
sur ce que ces ordonnances (par exemple
celle de 1629), n'ayant pas été enregistrées par
le parlement dans le ressort duquel l'affaire
s'était élevée, ces ordonnances n'avaient pas
force de lois. La Cour de cassation a donc reconnu par-là, qu'*il n'y a de lois que celles qui
sont revêtues des formes constitutionnelles.*
Pourquoi donc ne pas raisonner pour le nouveau droit comme pour l'ancien? Une ordonnance qui violerait une loi, ne serait-elle pas
aussi évidemment contraire à la Charte, que
pouvait l'être, à l'ancienne constitution de la
monarchie, une ordonnance qu'on aurait voulu
faire exécuter nonobstant le défaut d'enregistrement? S'il y avait une différence, on la trouverait uniquement dans ce que la Charte est écrite
et positive dans le concours qu'elle exige de la
part des Chambres, pour l'exercice du pouvoir
législatif; tandis que l'ancien principe de l'enregistrement et de la vérification libre de la
part des Parlemens, n'était que traditionnel et
contesté? N'y aurait-il pas aussi cette autre
différence, que les hommes d'autrefois étaient
moins timides que ceux d'aujourd'hui?

§ 3.

Des Appels.

Pourquoi, lorsque le condamné en police correctionnelle n'a que *dix jours* pour appeler de sa condamnation, aux termes de l'art. 203 du Code d'instruction criminelle, le même Code, art. 205, accorde-t-il *deux mois* au ministère public ?

Pourquoi cette inégalité? Pourquoi laisser au ministère public qui connaît la loi, et qui peut se pourvoir de suite et sans frais, si bon lui semble, un délai *six fois plus long* qu'au condamné, pauvre, ignorant, captif et malheureux ?

CHAPITRE IX.

Des Peines, et de l'Exécution des condam-nations,

Non mihi si linguæ centum sint, oraque centum,
Ferrea vox, omnes scelerum comprehendere formas,
Omnia pœnarum percurrere nomina possim:

VIRG. Æneid. 6.

C'est ici surtout que je dois me montrer fidèle à mon épigraphe :

Sed summa sequar fastigia rerum.

§ 1.

De la Douceur des Peines, et de leur proportion avec le délit.

Les meilleurs criminalistes sont d'accord sur ces deux points,

1°. Qu'en général les peines les plus rigou-reuses ne sont pas toujours celles qui atteignent le mieux leur but.

Personne n'a écrit sur cette matière avec plus d'effusion et de philanthropie que *Beccaria* dans son excellent Traité des Délits et des Peines, — chap. *Della dolcezza delle pene..*

2°. Que toute peine doit être proportionnée avec le délit. A cette occasion, on a fait la remarque suivante sur le Code de 1810 :

Pour les délits des particuliers envers l'autorité, les peines sont draconniennes, déportation, exil, fers, mort.

De l'autorité aux citoyens, abus de pouvoir, violation de domicile, arrestations et détentions arbitraires, etc., etc., peines très-légères, amendes imperceptibles.

Quant aux délits des particuliers envers d'autres particuliers, là se retrouve le droit commun. Mais il y a d'autres remarques à faire.

Le Code pénal fixe trop souvent un minimum de la peine.

Je conçois que la loi fixe un maximum pour arrêter l'élan du juge, et contenir sa sévérité dans de justes bornes.

Mais le maximum une fois réglé, tout le reste, en descendant jusqu'à zéro, devrait être à la discrétion du juge *pro qualitate facti.*

Les circonstances peuvent être telles qu'un

délit dégénère en un simple tort ; si, dans ce cas, il faut encore une peine, elle devra être très-légère ; mais la loi a fixé un minimum ; et ce minimum est souvent si élevé que le juge se voit dans l'alternative ou d'acquitter totalement un accusé qui cependant aurait mérité d'être puni, ou bien de le punir avec une sévérité disproportionnée au délit. Il ne faut pas que la loi laisse au juge la possibilité d'être cruel, mais elle ne doit pas lui ôter le moyen d'être indulgent à propos.

Cet inconvénient se fait sentir encore davantage devant le jury. On a beau répéter aux jurés : Vous ne devez pas vous occuper de la peine, vous ne devez voir que le fait. Les jurés voient le fait ; mais à moins d'en faire des machines, on n'empêchera pas qu'ils n'envisagent les conséquences de leur déclaration.

Eh bien, prenons pour exemple le cas où un individu est accusé d'avoir commis un vol avec escalade ; et il y a escalade, non-seulement lorsqu'on s'est introduit dans une maison par une ouverture quelconque, mais aussi lorsqu'on a franchi une haie, une palissade, une clôture quelconque, en un mot, soit dans les lieux servant à l'habitation, ou leurs dépendances, soit même dans des parcs ou enclos non servant à l'habitation, et non dépendant des maisons habitées. La peine en ce cas sera celle des *travaux forcés.*

Or, supposez que ce vol commis avec escalade n'a eu pour objet que quelques pièces de volaille, ou des fruits.

Sans doute il y a toujours vol; sans doute, et quelque modique que soit l'objet volé, l'individu qui a volé ne doit pas moins être puni.

Mais obtenez d'un jury qu'il déclare le fait constant. J'ose dire que cela n'est presque jamais arrivé. Ils ne verront jamais qu'un homme envoyé au bagne pour avoir pris un bouquet de cerises dans un verger, ou quelques bipèdes dans une basse-cour.

Au lieu de cette rigueur inflexible de la loi, si elle se prêtait à un adoucissement de peine; si elle laissait au juge la latitude nécessaire pour proportionner la peine au délit, le jury ne dirait pas que ce qui est évident n'est pas constant : il y aurait condamnation modérée, et non pas impunité.

L'art. 174 du Code pénal, qui punit les concussions commises par les fonctionnaires publics, de la réclusion, et leurs commis et préposés d'un emprisonnement de deux ans au moins et de cinq ans au plus, est conçu de telle manière dans sa généralité, qu'un *pour boire* donné à un garçon de bureau est punissable comme serait une exaction bien caractérisée. Or, je le demande, un jury déclarera-t-il un tel fait constant, avec le pressentiment des deux ans d'emprisonnement qui sont fixés comme *minimum* de la peine ?....

Il serait facile d'accumuler les exemples. Ceux-là suffisent pour appuyer ma thèse. Dans l'intérêt même de la juste punition des crimes, notre Code ne laisse pas assez de latitude au juge.

§ 2.

De la Peine de Mort.

On devrait l'abolir : on le devrait surtout en matière politique (1), où il n'est guère d'accusé dont on ne regrette la perte, six mois après l'avoir condamné.

Cette opinion n'a plus le mérite de la nou-

---

(1) La peine de mort avait été abolie pendant la Révolution, à une époque où la nation était lasse de sang et de supplices. Elle a été rétablie sous le Consulat par la loi du 8 nivose an 10.

veauté. Un grand nombre d'écrivains généreux ont, depuis long-temps, émis le vœu de
voir la peine capitale disparaître du Code des
nations civilisées.

On ne peut plus même dire que ce soit une
utopie. La théorie a été mise en pratique par
Catherine, par Joseph II, par Léopold; elle est
en pleine vigueur dans plusieurs districts des
États-Unis d'Amérique.

Est-il bien vrai d'ailleurs que l'homme qui
ne peut pas disposer de sa propre vie, ait
le droit de disposer de la vie de son semblable ?.... (1).

_____

(1) On peut consulter une *Dissertation sur le droit de
vie et de mort* dans l'ouvrage intitulé : *Maximes du
droit public français*, in-4°.

Il faut lire aussi, dans la *Théorie des lois pénales* de
M. Pastoret, ce qu'il dit de la peine de mort. Après
avoir analysé les opinions des plus célèbres philoso-
phes relativement à cette peine, il observe que Léopold
l'avait abolie en Toscane, sans qu'il en résultât d'inconvéniens. Il pense qu'elle excède les droits de la société, qu'elle est même contraire à ses intérêts ; et, se
rangeant à l'avis de Beccaria, il l'appuie par des considérations nouvelles. En supposant néanmoins que la
peine de mort doive encore être regardée comme la seule
suffisante pour les grands crimes, toute recherche dans
les supplices, est, aux yeux de l'auteur, indigne des

15*

Politiquement parlant , est-il bien d'accou-
tumer le peuple au spectacle du sang ; et d'a-
voir une centaine de bourreaux en titre d'office , dont le métier habituel est de tuer les
gens ?

Objectera-t-on que sans cette peine cruelle ,
les crimes deviendraient trop communs ? L'expérience prouve le contraire. On a remarqué
en effet que les scélérats se familiarisaient plus
aisément avec l'idée de la mort , et surtout
d'une mort prompte , qu'avec celle d'une souffrance long-temps prolongée.

« Je désirerais , dit Servin (1) , qu'il y eût
dans les lieux où la justice se rend souverainement une enceinte entourée de murs épais ,
et qui ne fût accessible que par une seule entrée , qui serait munie d'une triple grille de
fer. Ce lieu présenterait un aspect lugubre ,

---

nations civilisées. L'unanimité lui paraît indispensable
pour appliquer la peine capitale.... Il développe des
idées non moins judicieuses sur quelques peines infamantes, et trouve, par exemple, une contradiction
inexcusable entre une peine temporaire et une marque
éternelle d'infamie.

(1) *De la législation criminelle*, par M. Servin, avocat au parlement de Rouen, liv. I, art. 2, § 1, page 56,
à Basle, en 1782, in-8°.

les murs en seraient noircis intérieurement,
et il y régnerait un silence éternel qui ne serait troublé que par le bruit des chaînes et les
aboiemens effroyables des chiens, qui en feraient la garde au-dedans. C'est là que cou-
verts de haillons, nourris de pain et d'eau,
privés de l'usage de la parole, les criminels
attachés à des poteaux, seraient forcés pendant le jour à un travail opiniâtre, et la nuit
reposeraient sur la paille dans des loges séparées. Chacun porterait sur le front la marque
de son crime; et l'atrocité des grands forfaits
serait distinguée par l'horreur plus grande
dont on aurait fait environner les coupables.

» Je ne crains pas de dire que la vue de ce
séjour ténébreux, où néanmoins on ne ferait
souffrir aux criminels aucun tourment, pro-
prement dit, frapperait le peuple tout autrement que la vue des supplices vulgaires. Comme
il serait continuellement à sa portée, il ferait
sur lui une impression plus soutenue; parce
que sa curiosité naturelle le porterait à la renouveler souvent. Cette impression serait aussi
plus forte, par la raison que l'esprit pourrait
saisir facilement et mesurer à loisir toute l'é-
tendue des maux qu'on y souffrirait. Chacun
en voyant ces misérables ferait nécessairement

un retour involontaire sur soi-même, et partageant en idée l'horreur de leur position, frémirait de crainte de s'y voir un jour réellement associé. »

§ 3.

Lieu public d'Exécution.

Les arrêts de condamnation peuvent bien ordonner que l'exécution se fera dans telle ville plutôt que dans telle autre; mais il faut toujours que cette exécution ait lieu sur *la place publique* du lieu indiqué par l'arrêt. (*Cod. pén. art.* 26.)

Ainsi on ne pourrait pas ordonner que l'exécution aurait lieu dans une cour, dans un jardin, dans un endroit isolé, non indiqué d'avance au public; de-là à l'étranglement entre deux guichets, il n'y aurait qu'un pas.

De même, il ne serait pas permis d'exécuter un arrêt de mort, avant le lever ou après le coucher du soleil, la nuit enfin (1).

La publicité et le grand jour sont exigés :

---

(1) Assassinat du duc d'Enghien.

1°. Afin que l'exécution serve d'exemple au peuple ;

2°. Pour preuve qu'il y a eu exécution ;

3°. Pour garantie, que la barbarie de l'homme n'a point ajouté aux rigueurs de la loi.

La raison politique même n'est pas un prétexte qu'on puisse alléguer. La loi n'admet point ici d'exception.

§ 4.

Le Droit de pérorer le peuple doit-il être accordé aux condamnés ?

Les condamnés jouissent de ce droit en Angleterre : on les voit souvent s'avancer au bord de l'échafaud, adresser quelques mots au peuple, dire : *je suis innocent, je meurs innocent,* ou tout autre discours : et après ce dernier acte de liberté, ils meurent, je ne dis pas contens, mais moins mal contens que si on les eût privés de ce soulagement.

Pourquoi n'en est-il pas de même en France ? On y a une terrible peur des gens qui parlent : pourquoi refuser cette dernière satisfaction à un malheureux ! il n'en mourra pas moins ; et on aura eu cette condescendance pour l'humanité.

Un exemple trop fameux, où le refus de laisser parler la victime a eu le plus triste succès, aurait dû rendre sacré, parmi nous, le droit qu'aurait toujours un condamné de parler au peuple cinq minutes avant d'être exécuté.

§ 5.

L'Emprisonnement antérieur à la condamnation devrait compter pour la peine.

Un abus que je ne m'explique point, c'est de voir que l'emprisonnement subi par un prévenu pendant l'instruction de son procès, ne vient pas en atténuation de la durée de l'emprisonnement auquel il est ensuite condamné.

On voit des gens rester en prison six mois ou un an avant que d'être jugés; quelquefois parce que l'instruction aura été retardée; d'autres fois aussi, parce qu'il aura fallu attendre que leur tour vienne : on les juge enfin. Le délit qui d'abord paraissait grave, s'explique et s'atténue; bref, on estime qu'il y a lieu de ne les condamner qu'à deux mois, six semaines, ou même huit jours de prison : ainsi le temps de leur peine est plus qu'absorbé par le temps

qu'ils ont déjà passé en prison. Eh bien ! point
du tout, on ne leur en tient nul compte; et il
faudra encore faire tout le temps prescrit par
le jugement. Les juges mêmes dans l'état actuel de la législation, n'ont pas le pouvoir de
dire que la prison antérieurement subie viendra
en déduction de la prison à laquelle ils condamnent.

Je trouve cette législation injuste.

§ 6.

Amélioration des Prisons.

Dans le Code théodosien au titre *de custo-
diâ reorum*, on trouve une belle loi de Constantin sur la police des prisons. Il veut qu'au
lever du soleil, on permette aux prisonniers de
prendre l'air dans le préau de la prison; et que
la nuit on les renferme dans des lieux sûrs
mais dont rien n'altère la salubrité, pour empêcher que la prison, qui est une peine trop
douce pour les criminels, ne devienne un supplice pour les innocens. *Ne pœnis carceris pe-
rimatur, quod innocentibus miserum, noxiis
non satis severum esse cognoscitur.*

Il existe dans nos anciennes lois un édit assez

remarquable, puisqu'il est de Charles IX, qui
défend de faire *des prisons plus basses que le
rez-de-chaussée.*

La coutume de Melun, article 5, dit aussi
que « le haut justicier doit avoir en sa justice
» bonnes prisons, sûres et *raisonnables,* bas-
» ties *à rez-de-chaussée ;* sans user de fers,
» ceps, grillons, grues ou autres instrumens
» semblables (1). » (Tels par exemple que
camisolles, etc.)

Le règne de Louis XVI est marqué par
une déclaration du 30 avril 1780, qui en at-
testant la sollicitude de ce monarque pour le
soulagement de l'humanité, atteste aussi l'excès
des abus auxquels il s'efforçait de remédier. On
y voit que « *le roi touché depuis long-temps
de l'état des prisons dans la plupart des villes,*
destine à Paris l'hôtel de la Force, pour ren-

---

(1) Il paraît qu'avec le temps l'autorité locale a bien
négligé l'observation de cet article de la coutume; car
les prisons de Melun étaient devenues, en 1819, si mal-
saines qu'il s'y déclara une maladie épidémique. M. le
docteur Esparon, envoyé de Paris pour en constater
les causes, est mort victime de son zèle; et le regret
qu'a causé sa mort à tous les amis de l'humanité est
venu se joindre à celui de voir les lois les plus sages si
mal exécutées.

fermer spécialement les prisonniers arrêtés
pour dettes civiles ; donne dès à présent des
secours dans les autres prisons, et se propose
de *détruire tous les cachots pratiqués sous
terre*, ne voulant plus *risquer que des hommes
accusés ou soupçonnés injustement et reconnus ensuite innocens par les tribunaux*, ayent
essuyé d'avance une punition rigoureuse par
leur seule détention dans des lieux *ténébreux
et malsains*......... Notre justice, dit ce bon
roi, jouira même d'avoir pu adoucir pour les
criminels ces *souffrances inconnues* et ces
peines obscures qui, du moment qu'elles ne
contribuent point au maintien de l'ordre public par la publicité et par l'exemple, deviennent *inutiles à notre justice et n'intéressent plus que notre bonté* (1). »

L'introduction du régime constitutionnel
en France ne pouvait manquer d'appeler l'attention sur les prisons.

Plus un gouvernement, par sa nature, élève
la dignité de l'homme, et met de prix à sa
liberté, et plus la sollicitude des citoyens doit

---

(1) M. le Baron de Staël a raison de louer M. Necker
d'avoir participé à cet acte de législation.

Voyez *Notice sur M. Necker*, pages CLIX et CLX.

se porter sur ce qui intéresse les droits de l'humanité, le soulagement de l'infortune.

Dans ces derniers temps on a vu se former une *Société pour l'amélioration des prisons.* Un prince du sang royal a désiré d'en être le président.

Les membres de cette société contribuent à l'amélioration du régime des prisons, 1° par une contribution pécuniaire; 2° par le concours de leurs idées, de leurs vues, de leurs lumières.

Sept commissions ont été créées dans le sein du conseil pour indiquer des vues générales sur le système des améliorations à introduire dans le régime des prisons (1).

La première fut chargée de déterminer les mesures de police judiciaire et administrative les plus propres à assurer le bon ordre dans les prisons, à en écarter l'arbitraire. Cette commission reçut en même temps la mission spéciale de proposer les moyens d'assurer les bons effets de la loi qui autorise pour un temps l'incarcération des enfans, sur la demande de leurs parens. A défaut d'une législation nou-

---

(1) On pardonnera cette digression à un membre de la Société.

velle qu'il ne lui appartenait pas de proposer, cette commission a commencé par présenter *l'état actuel de la législation existante*, en en coordonnant les dispositions de manière à en faire apercevoir les contradictions et les lacunes. Elle a divisé son travail en trois parties : dans la première, elle a analysé toutes les lois antérieures aux quatre Codes actuellement en vigueur, en remontant jusqu'en 1791; dans la seconde, elle a exposé les dispositions de ces Codes ; dans la troisième, elle a analysé les réglemens postérieurs. Ce travail ne pouvait être que préparatoire, puisque le conseil n'est investi d'aucune autorité ; il se borne à indiquer ses vues, qui, si elles sont approuvées, donneront lieu, de la part de l'autorité compétente, à de nouveaux réglemens ou à des propositions de lois.

En attendant, la commission a, dans un rapport lu au conseil le 8 juin, établi les véritables principes de la police des prisons.

Deux rapports intéressans ont été faits, l'un sur la maison affectée aux jeunes condamnés, l'autre sur les enfans détenus par l'effet de l'autorité paternelle.

La seconde commission avait été nommée pour rédiger les instructions à adresser aux

commissions d'administration des prisons dans
les départemens. Elle a présenté son travail
dans la séance du 25 mai : elle y a posé les principes généraux à suivre, pour parvenir à l'a-
mélioration du sort et des habitudes des détenus. Ces principes sont une exacte justice
envers eux, le soin de leur bien-être ; leur séparation, suivant les sexes, les âges et la nature des peines; l'ordre, le travail, le silence,
la concession immédiate d'une partie du produit de leur travail, pour les encourager à s'y
livrer; la cessation de toutes les causes qui
peuvent perpétuer les habitudes vicieuses, et
notamment l'ivresse ; l'introduction des écoles
élémentaires, enfin l'exercice régulier du culte
et l'instruction morale et religieuse.

La troisième commission devait s'occuper
des règles à préscrire pour le *régime sanitaire*
des prisons. Elle a présenté son travail dans
la séance du 25 mai. Elle y examine successivement quelles précautions doivent être prises
pour assurer la *salubrité* des maisons de détention, pour y maintenir une exacte *propreté*,
pour éviter l'incommodité des *fosses d'aisances*,
pour déterminer le choix des *travaux* auxquels
les détenus doivent s'appliquer, la nature de
leurs *vêtemens*, la qualité et la quantité de

leurs *alimens* et l'usage modéré des *boissons*.
Dans un second rapport, qui a été présenté le
8 juin, cette même commission a traité des
soins qui sont dus aux détenus en état de
maladie, et exposé les principes qui doivent
être observés pour l'établissement des *infir-
meries*, et de leur mobilier en tout genre, la
séparation des maladies, les pharmacies, le
régime alimentaire et diététique, les *fumiga-
tions*, *les bains*, *la discipline*, enfin le service
des officiers de santé et des infirmiers.

La quatrième commission avait pour objet
spécial l'organisation de *l'instruction morale et
religieuse* à introduire dans les prisons. Ce sujet, qui malheureusement était absolument
neuf, a été traité dans la séance du 2 juin. On
y a examiné les moyens de faire participer à
cette instruction les prévenus des diverses
classes, suivant leur sexe et leur âge, depuis
les enfans au-dessous de 16 ans, détenus par
mesure de correction paternelle, jusqu'au criminel condamné. On y a exposé les effets salutaires qu'on pouvait obtenir du travail et
d'une instruction commune; à quel genre d'instruction spéciale il convenait de s'appliquer;
enfin le choix, les devoirs, les attributions des

aumoniers, à qui cette instruction sera principalement confiée.

L'instruction morale et religieuse ne peut guère être portée jusqu'au point désirable pour être salutaire, qu'autant que les personnes destinées à la recevoir peuvent la puiser elles-mêmes dans les livres. De-là résultait la nécessité d'établir dans les prisons l'instruction primaire. L'examen des moyens, pour parvenir à cet établissement, a été confié à la cinquième commission. Elle a comparé les avantages des diverses méthodes d'enseignement, et démontré la préférence *due à celle de l'enseignement mutuel;* elle a ensuite déterminé la manière dont l'application de cette méthode devait être faite aux détenus, suivant les sexes, les âges et les classes.

Les résultats de cette méthode, déjà constatés par tant d'expériences, ne sont pas plus douteux pour les prisons que pour les écoles. Déjà l'enseignement mutuel est pratiqué avec un plein succès dans la maison centrale de Melun, et, grâces aux soins de M. le maréchal duc d'Albuféra, il vient d'être introduit dans les prisons militaires de Paris.

Une sixième commission a été chargée spé-

cialement de déterminer le mode de l'introduction du *travail dans les prisons*, le choix
des travaux, la discipline des ateliers, la ré-
partition du produit de ce travail, etc. Cette
commission n'a pu faire encore son rapport
général sur un objet si important, parce que
les déterminations à prendre dépendent de
beaucoup de renseignemens, que l'on n'est pas
encore parvenu à rendre complets, et sont
subordonnées à une multitude de circonstances qui varient selon les localités; mais les
bases fondamentales du régime qui doit être
adopté pour les ateliers, n'en ont pas moins
été posées dans un travail général.

Ce n'était pas tout que de donner aux détenus les premiers élémens de l'instruction, en
les mettant à portée de puiser eux-mêmes dans
les livres quelques exemples profitables et des
maximes salutaires; il fallait encore choisir les
livres qui les contiennent, examiner s'ils étaient
à la portée des lecteurs à qui ils seraient destinés; et enfin les mettre à leur usage. Il ne
suffisait pas de chercher, d'après nos propres
réflexions et notre expérience, les principes
susceptibles d'améliorer le régime des prisons;
il fallait encore consulter l'expérience des na-

tions qui, à cet égard, pouvaient nous offrir quelques modèles.

Tel a été l'objet de l'établissement d'une septième commission, qui s'occupe de cette double recherche.

Elle a déjà recueilli, pour les offrir à la méditation des membres du conseil, quelques ouvrages sur les prisons des États-Unis d'Amérique, et de l'Angleterre, entre lesquels l'un des plus importans est le *Tableau des prisons de Philadelphie*, par un Européen (c'est ainsi qu'il se désigne lui-même), qui, sur cette terre réputée sauvage, il y a un demi-siècle, observait une administration digne de servir de modèle, et qui, animé dès-lors d'une philanthropie dont il a donné de si nobles exemples, méditait, il y a vingt-cinq ans, les améliorations qu'il est appelé aujourd'hui à réaliser.

Un membre du conseil général a été envoyé en Angleterre exprès pour y recueillir, par lui-même, des renseignemens sur le régime des prisons, qui, depuis plusieurs années, y a été sensiblement amélioré (1). Il y a reçu l'accueil que se doivent les ames élevées, ani-

_____

(1) Il ne s'agit pas ici du régime des *pontons.*

mées d'un zèle sincère pour le bien de l'humanité, et il en a rapporté des mémoires, des
plans qui vont être reproduits par la lithogra-
phie, dont l'étude est maintenant confiée à
une commission spéciale, qui s'occupe d'une
prison modèle. Un plan en relief en a même
été présenté par M. le baron Delessert, et un
prix sera décerné à l'auteur du projet qui paraîtra digne d'être adopté.

Le conseil a pensé qu'il ne suffisait pas de
consulter les livres et les lieux, qu'il était bon
de provoquer aussi les réflexions des hommes
éclairés sur l'amélioration du sort et des habitudes des détenus : en conséquence un prix
a été offert à celui qui composerait le meilleur ouvrage sur cette matière. Le programme
a été rendu public par la voie des journaux.

Il faut lire le résultat des travaux de la société dans l'excellent rapport qu'en a rendu
M. le comte Daru, dans l'assemblée générale
tenue au mois de mars 1821.

Mais il ne suffit pas qu'une association zélée
de citoyens généreux ait conçu le vertueux
dessein d'améliorer le régime des prisons : il
faut que le gouvernement seconde ses effotrs
et ses vœux.

M. le ministre de l'intérieur a bien annoncé

16*

dans cette même séance, qu'*il n'y aurait plus
désormais de cachots*, que les prisonniers auraient *plus d'air et de lumière*. Il faut joindre
l'effet aux promesses.

Ainsi dans le rapport de M. Daru, parmi
l'énumération des personnes qui se sont dis-
tinguées par leur sollicitude pour l'amélioration du sort des prisonniers, on trouve le trait
suivant :

« A Beziers, où *l'état des prisons est on ne
peut plus affligeant*, M. Antoine Salvan se distingue par une charité infatigable : non-seulement il fournit à ses frais, et cela *depuis trente
ans*, le linge et les vêtemens nécessaires ; non-
seulement il fait distribuer quinze à vingt fois
par mois de la soupe, de la viande, du vin ;
mais il veille de ses propres yeux aux détails
qui peuvent contribuer à la santé des détenus.
Il les fait raser, laver, changer de linge tous
les huit jours, en sa présence. Sans les soins
de cet homme de bien, le séjour de cette prison serait *insupportable*, et la mort y aurait
moissonné tous les ans une grande partie de
la population. »

Depuis trente ans ! M. Salvan est bien
louable assurément. Mais depuis trente ans
aussi, l'administration est bien coupable de

n'avoir pas cherché les moyens d'avoir une prison saine, dans un pays si favorisé de la nature, qu'à entendre tous les géographes, *si Dieu voulait habiter sur terre, il choisirait Béziers.*

Ce qui n'est dû chez nous qu'à une association volontaire de citoyens généreux, constitue dans d'autres pays une véritable magistrature. Dans le Code donné en 1576 à l'ancienne république de Gênes par le pape Grégoire XIII, l'empereur Maximilien II et Philippe II roi d'Espagne, choisis pour médiateurs, on trouve la création de l'office de *Protecteur des prisons.* Cet office, dit la loi, sera exercé par deux citoyens d'une piété distinguée, au choix du doge et des gouverneurs; par deux jurisconsultes nommés par le sénat; enfin par deux avocats qui seront choisis par leur Ordre (1). Dès l'instant de leur élection, toute excuse cessante, ces protecteurs visiteront les prisons, prendront note de tous les malheureux qui languissent sans secours et sans appui; s'informeront des causes de leur détention; vérifieront s'ils n'ont pas éprouvé

---

(1) Sous Napoléon, on aurait mis : *Qui seront choisis par le procureur-général.*

de mauvais traitemens, si leur détention n'est
pas l'effet de quelque haine puissante, ou de
quelque mesure injuste. Ensuite ils s'assem-
bleront chez le plus ancien des jurisconsultes,
pour y examiner avec soin et diligence, *dili-
genter et accurate*, les moyens de les défendre
et de les soulager.

Une amélioration qu'on ne peut trop louer
et qui date du règne actuel (1), est l'établissement des *prisons d'essai*, instituées par ordonnances des 18 août et 9 septembre 1814. Mais

(1) Dès avant la révolution, on avait conçu l'espérance
que *Monsieur*, aujourd'hui le Roi, contribuerait de ses
lumières et de son crédit à l'amélioration de notre législation criminelle.

Dans un ouvrage, imprimé en 1786 (Prost de Royer,
au mot *Apanage*, n° 67), parlant de la protection
qu'un prince apanagiste accorde à tout ce qui intéresse
le bien public dans l'étendue de ses domaines, en donne
cet exemple. « C'est ainsi, dit-il, que Monsieur vient
d'accepter la dédicace du livre des *Lois pénales* fait à
Alençon (*). Puisse cette grande partie de notre jurisprudence partager ses regards avec la politique et les
lettres ! Puisse-t-il, influant par son génie, par son
pouvoir, sur la composition si désirée d'un Code crimi-

(*) Le duché d'Alençon et la forêt de Sénonches avaient été
ajoutés, par Louis XVI, à l'apanage de *Monsieur*, par lettres-patentes de décembre 1774, registr. le 7 janvier 1775.

c'est aux ministres à marcher sur ces erremens
et à compléter l'œuvre, afin qu'on ne vienne
pas nous dire encore dans un autre rapport :
« Que dans tel pays, sans les soins de tel
» ou tel homme de bien, le séjour de telle
» prison serait insupportable, et que la mort
» y aurait moissonné tous les ans une grande
» partie de la population. »

§ 7.

Nullités ; — Cassation.

La Cour de cassation a établi en règle générale qu'elle ne pouvait casser un arrêt de
Cour d'assises que pour inobservation d'une
formalité prescrite *à peine de nullité.* Or,
rien n'est plus rare que de trouver cette peine
textuellement prononcée. Il en résulte que,
dans une foule de cas, on peut violer impunément les dispositions du Code d'instruction criminelle. Il nous semble qu'on aurait

nel, être le sauveur de la liberté, le vengeur de l'humanité, le bienfaiteur du monde !

« Cui dabit partes scelus expiandi
Jupiter? tandem venias, precamur,
Nube candentes humeros amictus,
Augur Apollo. »   (Horat. I, od. 2.)

dû admettre ici , comme en matière civile , la distinction entre les formes substan-
tielles , et les formes qu'on peut jusqu'à certain point regarder comme indifférentes. Par
exemple , on devrait casser pour toutes les ir-
régularités qui se feraient remarquer dans la
composition du jury , pour toutes les restrictions apportées à la défense , etc., etc.

Je sais bien que l'administration de la justice criminelle est très-dispendieuse , et que les
frais , déjà considérables , doublent lorsqu'il
y a cassation , puisqu'on est obligé de recom-
mencer la procédure ; mais cet inconvénient ,
quelque grave qu'il soit , ne peut être mis en
balance avec ceux qui résultent de l'inobservation des lois.

§ 8.

Amende pour se pourvoir en cassation.

La loi du 14 brumaire an 5 porte , art. 1er ,
que « la disposition du réglement de 1738, qui
assujettit les demandeurs en cassation à consigner l'amende de 150 fr. ou de 75 fr. , selon
la nature du jugement , sera *strictement* ob-
servée , tant en matière civile , qu'en matière
de police correctionnelle et municipale. »

Pourquoi gêner ainsi l'exercice d'un recours légal contre une condamnation qui peut ne l'être pas ? — On allègue la multiplicité des recours en cassation ! — Cette raison peut justifier les amendes exigées en matière civile ; c'est là qu'il est permis de réprimer la fougue des téméraires plaideurs : mais, en matière pénale, il ne nous semble pas juste de restreindre, par des consignations préalables d'amende, le droit d'appel et de recours en cassation.

§ 9.

Questions d'Identité.

Un homme est condamné ; il s'évade : un autre est banni ; il rentre : ou du moins, je vois sur le banc des accusés un individu qu'on prétend être le prisonnier évadé, ou le banni rentré.

La loi dit qu'en pareil cas la reconnaissance de l'identité de cet individu sera faite par la Cour qui aura prononcé sa condamnation. (*Code d'instr. crim. art.* 518.)

Pourquoi ne pas faire décider cette question par les jurés ? il s'agit uniquement d'un *fait.*

L'art. 518 dit *la même Cour* : cela ne signifie pas *les mêmes juges;* le roulement qui
s'opère chaque année empêcherait seul qu'il
n'en fût ainsi.

Cette question ne s'agite souvent qu'après
un long intervalle ; les traits ont pu s'effacer de
la mémoire de plusieurs témoins ; une reconnaissance, facile en beaucoup de cas, peut offrir
de grandes difficultés dans quelques autres. La
méprise en pareille circonstance serait cruelle ;
elle est plus facile que si un homme était faus-
sement accusé d'un fait qu'il n'aurait pas commis. On peut prouver l'alibi, démontrer l'in-
cohérence des accusations, la subornation des
témoins; mais comment prouver qu'on n'a pas
quelques traits de ressemblance avec un autre,
surtout s'il s'agit d'un frère, d'un parent?

Le jury me paraîtrait offrir ici une garantie
désirable.

§ 10.

Grâce; — Commutation de Peine.

On a agité dans la Chambre des députés la question de savoir si le droit de faire grâce emportait celui de commuer la peine prononcée contre un individu, en une autre peine que cet individu soutiendrait lui être plus insupportable que celle à laquelle il avait été condamné ?

Par exemple, la peine de la *déportation* peut-elle être convertie en une *détention perpétuelle* ?

Les ministres soutenaient l'affirmative, parce que, disaient-ils, la peine de la détention, même perpétuelle, est moindre que celle de la déportation.

Les pétitionnaires, et ceux qui les appuyaient, soutenaient, au contraire, que la liberté, même au-delà des mers, est préférable à l'esclavage dans son propre pays, et que l'air d'un climat réputé insalubre vaut toujours mieux que l'air de la meilleure prison !

Je ne résoudrai pas cette difficulté : mais elle me paraît assez importante pour qu'on ne la perde pas de vue.

§ 11.

Révision des Procès ; — Réhabilitation.

A la suite des révolutions , on devrait admettre , sur la demande des familles , la révision des procès , et , suivant l'exigeance des
cas , prononcer la réhabilitation des condamnés.

Je sais bien que , par le fait , l'opinion do-
minante réhabilite assez volontiers tous ceux
qui ont été condamnés sous le régime de l'opinion vaincue : cependant il y a des distinctions
à faire.

Il y a des faits qui n'admettent jamais l'excuse :
tels sont l'assassinat, le vol, etc., etc.—Les sep-
tembriseurs ont pu être amnistiés , mais quelle
puissance eût osé réhabiliter de tels monstres ?
—Je n'admets pas non plus la justification de ce
receveur qui prétendait légitimer le déficit de
sa caisse , au moment de la restauration , en
disant qu'il avait dissipé les deniers de l'État
pour affaiblir les ressources financières de l'u-
surpateur.—J'en dis autant des chouans condamnés pour vols de diligences, etc., etc.

Un gouvernement peut accorder des am-

nisties, empêcher qu'on ne poursuive d'anciens
crimes, qu'on ne rappelle avec amertume
des souvenirs qui exalteraient de nouvelles
passions; mais il ne doit jamais s'approprier le
crime, par des réhabilitations accordées avec
éclat à ceux qui les ont commis.

La réhabilitation accordée ou refusée en
connaissance de cause par les tribunaux ferait
toutes ces distinctions : elle empêcherait que
le coupable ne partageât la faveur que peuvent mériter ceux dont le principal tort fut
d'être jugés par leurs ennemis, ou par des
gens faibles au milieu de circonstances qui
les subjuguaient.

CHAPITRE X.

Abus de Détail, qu'il dépendrait de l'autorité de faire cesser ; — Vices, non des lois, mais des hommes.

§ 1.

De la délation.

Vils délateurs, c'est vous que je vais attaquer !

Emm. Dupaty.

On a trop encouragé la délation dans le cours de la révolution.

Nous sommes, pour ainsi dire, *tombés en police.*

Il en est résulté une triste émulation entre les agens de cette police, soit pour se contre-carrer et se faire valoir aux dépens les uns des autres, soit pour faire preuve de zèle et mériter des gratifications.

Cette trop grande extension donnée à l'action de la police aux dépens de la justice, démoralise les citoyens, jette la défiance dans leurs relations, expose l'innocence, entretient de fausses alarmes, et ne produit le plus souvent qu'une fâcheuse irritation.

Qu'on accueille toutes les dénonciations, soit : mais qu'on n'en fasse jamais usage, sans en avoir donné connaissance à ceux qui en sont l'objet. Le délateur n'a pas voulu qu'on le nommât; vous aurez pour lui ce ménagement; d'accord : mais faites au moins connaître la délation. L'homme inculpé vous répondra; vous déciderez ensuite. Je connais un administrateur vertueux qui, dans l'arrondissement confié à ses soins, a constamment suivi cette méthode : il a découragé la délation; elle a cessé d'infester les citoyens.

Les gouvernemens les plus fermes et les plus éclairés ont toujours regardé les délateurs comme un fléau.

Domitien disait, effrayé de leur rage :
« Qui ne les punit point, dès-lors les encourage. »
Leur exil, ô Trajan, fut un de tes bienfaits ;
Sous Titus, l'esclavage a payé leurs forfaits ;
Claude les fit livrer aux animaux féroces ;
Théodose-le-Grand, par des tourmens atroces,
Dans Bysance autrefois vengea leurs attentats ;
Constantin les nommait le fléau des États ;

Marc-Aurèle, du Scythe en peupla les rivages.
Présent même funeste en des climats sauvages !

Les Délateurs, par Em. Dupaty.

§ 2.

De la non-révélation.

Quand une loi, même mauvaise, existe,
quiconque l'enfreint doit être puni. Mais il
n'en est pas moins vrai que les lois d'une nation doivent être d'accord avec ses mœurs ; et
que s'il y a opposition entre elles, si, par
exemple, la loi punit comme un crime un fait
que l'opinion approuve ou excuse, la terreur de la peine légale surmontera difficile-
ment la crainte inspirée par la peine morale.

. . . . Quid leges sine moribus
Vanæ proficiunt ?

Cette pensée revient à chaque instant. — C'est
ainsi que la peine de mort prononcée contre
les duellistes, n'a jamais pu servir d'excuse au
déshonneur, bien que mal entendu, attaché
par l'opinion au refus d'un cartel.

Il en est de même de la non-révélation, et
des peines que la législation impériale y a at-
tachées.

On regardera toujours comme une sorte de héros celui qui aura caché son parent, son ami ; qui, sachant son secret, ne l'aura point livré : en cela, il aura violé la loi pénale , il en subira les conséquences ; mais il aimera mieux s'exposer à ce résultat que de trahir la nature ou l'amitié , et que de vivre avili et déshonoré aux yeux des hommes.

Il répondra avec ce brave officier qu'un ministre voulait enrôler dans sa police : « Monseigneur, un grand ministre comme vous doit avoir des gens qui le servent de leur épée, et d'autres qui le servent de leurs rapports. Souffrez que je sois des premiers. »

Une conspiration fut ourdie pour ôter la régence au duc d'Orléans, et la donner à Philippe V, roi d'Espagne. Toute l'intrigue fut découverte par une courtisanne nommée *la Fillon*. Le chevalier de *Manilles* était renfermé par suite des révélations de cette femme. Tout son crime consistait à *n'avoir point dénoncé* ceux qui lui avaient confié leur secret. Un vieux marquis de *Manilles* s'empressa d'aller trouver le Régent , et de lui donner des preuves qu'il n'était ni parent ni ami du prison-

nier. « Tant-pis pour vous, répondit le Duc,
» le chevalier est un fort galant homme. »

Cependant c'était un *non-révélateur !*

Devant la Cour des pairs, un témoin est
appelé (1). L'un des avocats se lève et demande que, conformément au Code d'instruction criminelle, M. le Président veuille
bien prévenir la Cour que le témoin est un
dénonciateur.

M. le procureur-général répond par une
distinction entre la dénonciation et la révéla-
tion. La dénonciation est odieuse, la révéla-
tion est *louable*, surtout quand il s'agit de la
sûreté de l'État.

L'avocat insiste en disant que le Code d'instruction criminelle qualifie indistinctement de
dénonciateur, celui qui dénonce et celui qui
révèle.

M. de Vatisménil, avocat-général, réplique et
distingue à son tour entre le plaignant et le
dénonciateur. Le plaignant est celui qui a
porté une dénonciation dans son propre intérêt. Le dénonciateur est celui qui volontaire-
ment, et dans l'intérêt de la société, révèle à la
justice les crimes dont il a eu connaissance.
Non-seulement la dénonciation n'a rien de blâ-

_____

(1) Voyez le compte des séances des 9 et 10 mai.

mable , mais elle *mérite des éloges* , puisque la loi la commande.

M. le Président observe avec raison que l'incident est désormais sans objet, et ne peut donner lieu à aucune délibération. Le but des défenseurs est rempli, dit–il , car la Cour a maintenant connaissance de ce dont ils voulaient qu'elle fût avertie.

En conséquence, on passe outre à l'audition du témoin. Ce témoin rend compte des rapports qui ont existé entre lui et quelques-uns des accusés : et il est extrèmement curieux de voir quelle idée il attachait lui-même au rôle de révélateur.

« ..... J'y fus, je les trouvai dans un cabinet particulier ; ils m'offrirent de dîner, et j'acceptai. Ils me dirent qu'ils me connaissaient, ainsi que V⋆ et D⋆. — Nous ne doutons pas , me dirent-ils , que vous ne soyez un bon enfant et un brave.... — Mon cher P⋆, me dirent-ils encore, votre fortune est faite. Nous n'aurons bientôt plus rien à vous cacher. — Parlez, répondis-je. — Cela nous est défendu, nous ne pouvons encore. — Parlez , leur répondis-je de nouveau , *je suis homme d'honneur , et je ne révélerai pas ce que vous m'aurez dit.* »

17⋆

«.... Je les quittai ; mais à l'instant je fus chez le général D* *révéler* ce que j'avais entendu. »

Le refus inébranlable du colonel Fabvier de nommer devant la même Cour le nom d'un homme qu'il craignait de compromettre, a amené des débats d'un caractère tout différent.

Après plusieurs instances très-vives, M. le procureur-général lui dit : « Nous vous con-
» seillons encore *au nom de l'honneur*, nous
» vous supplions de rompre un coupable si-
» lence. »

Le colonel Fabvier : .... « Militaire et ci-
» toyen, je sais ce que c'est que l'*honneur*, et
» c'est parce que j'en ai une juste idée que je
» garde et que je garderai le silence. »

Alors M. le procureur-général l'accuse de parjure, et conclut contre lui à l'application des peines portées par les art. 80 et 304 du Code d'instruction criminelle.

Le colonel Fabvier répond au réquisitoire (1).... « Il est quelquefois dans la société
» des devoirs légaux que désavouent les sen-
» timens naturels et les conseils de l'honneur...
» Tels sont les motifs de mon silence ; je les

_____

(1) Voyez le compte de la séance du 1er juin.

» soumets à la Cour ; j'attends sa décision avec
» un profond respect. Si les organes des lois
» me condamnent comme juges ; sortis de
» cette enceinte, dépouillés de l'habit des ma-
» gistrats, ils ne me refuseront pas leur es-
» time. »

Après *deux heures de délibération*, la Cour
des pairs a condamné le colonel Fabvier
à 100 fr. d'amende ; le seul motif donné par
l'arrêt, a été que « Charles-Nicolas Fabvier,
» assigné comme témoin, avait refusé de dé-
» poser sur un fait dont il avait déclaré avoir
» connaissance. »

La loi est précise : l'amende était inévitable :
et l'on a vu la même peine prononcée à la
Cour d'assises, pour une cause toute semblable, contre un honnête ecclésiastique, qui,
loin d'en murmurer, voulait même donner
les 100 francs, audience tenante.

Voilà la loi exécutée, elle devait l'être.
Mais qui ne voit qu'en cette occurrence le préjugé est plus fort que la loi ; il lutte avec elle,
et ce n'est pas d'aujourd'hui.

Le lieutenant criminel de Charles IX, que
je cite si souvent et toujours avec plaisir, a
dans son ouvrage un sommaire ainsi conçu :

Qu'il est quelquefois plus honnête de mentir que
de dire vrai. (Ayrault, page 442.)

Ce qu'il avance, il veut le prouver; et il ne
s'en montre pas embarrassé. En effet, dit-il,
« combien se trouve-t-il d'exemples, où les
témoins ont remporté *plus de louange à men-*
tir, qu'à dire vrai? Sextus Tempanius, qui
avait milité sous Caïus Sempronius, consul,
est loué en Tite-Live, de *n'avoir rien voulu*
déposer qui pût nuire à son capitaine, quoiqu'il en fût pressé et interrogé devant tout le
peuple, par Julius le tribun qui l'accusait. Sal-
luste, *loué* par Cicéron, de ce qu'ayant été
questeur sous Bibule son préteur, *il n'avait*
rien voulu déposer pardevant luy qui luy nuisît.
Marius, au contraire, *très-blâmé* en Plutarque, d'avoir chargé de son témoignage, Quin-
tus Metellus, sous lequel il avait servi contre
Jugurthe. Cicéron reprend aigrement Verrès
de ce qu'il avait déposé contre Dolabella, son
préteur : *ipse, inquit, in eum cui fuerat lega-*
tus, inimicissimum atque improbissimum tes-
timonium dixit. Tacite rapporte que Clutorius
Priscus fut accusé, que comme il disnait en la
maison de Vitellia, il avait récité quelques
vers qu'il avait faits sur la maladie de Drusus :

et que Vitellia fut plus estimée, d'avoir juré
qu'elle n'en avait rien ouy, que ceux lesquels
en s'excusant sur leur conscience, *violèrent*
les droits de table. »

Horace fait un magnifique éloge du *parjure*
d'Hypermnestre :

> Unâ de multis face nuptiali
> Digna, perjurum fuit in parentem
> *Splendidè mendax*, et in omne virgo
> Nobilis œvum.

Enfin, à ces exemples tirés de l'antiquité,
joignons celui d'un juge moderne qui, ayant à
voter sur la mise en accusation d'individus
prévenus de non-révélation, émit son opinion
en ces termes, que j'ai recueillis sous sa dictée :
« Je n'accuserai point sur des faits que les
» tribunaux ne peuvent atteindre sans devenir
» immoraux, ou, ce qui revient au même,
» sans exécuter une loi immorale et tyran-
» nique. *Je veux mourir plutôt que de le faire.*
» Voilà ce que vous diraient Platon, Cicéron,
» les historiens avec les moralistes, et le pro-
» fesseur Blackstone et tant d'autres; voilà ce
» qui réglera tous mes votes sur les non-révé-
» lateurs. »

En tout cela je ne veux ni exciter à révéler
par la terreur des réquisitoires et des amendes,

ni engager à ne pas révéler par l'autorité des exemples; chacun à cet égard doit agir selon son devoir et sa conscience. J'ai seulement voulu montrer l'opposition que je déplore toutes les fois que je la rencontre, entre les lois et les mœurs. Elles se nuisent ainsi, au lieu de s'entr'aider.

§ 3.

Du secret des lettres.

L'histoire vante la discrétion du général athénien qui, ayant surpris un courrier de Philippe, roi de Macédoine, renvoya, sans les ouvrir, les lettres qu'il écrivait à sa femme.

Au plus fort même de la terreur, on a vu *une fois* le tribunal révolutionnaire refuser d'asseoir une condamnation sur le secret qu'avaient révélé des lettres saisies.

Dans l'éloquent plaidoyer pour mademoiselle de Cicé, il y a de fort belles choses sur cet abus d'invoquer ou d'opposer des lettres en matière criminelle.

Notre Code pénal de 1810 met la violation du secret des lettres au rang des délits. Il prononce contre le coupable une amende, et de plus l'interdiction de toute fonction publique pendant cinq ans au moins et dix ans au plus.

Et cependant, il est de fait que rien n'est moins respecté que le secret des lettres.

Le procès des trois Anglais n'a eu pour fondement que la lettre de Wilson à lord Grey, interceptée par la police.

Dans le procès pour la conspiration du 19 août 1820, actuellement pendant à la Cour des pairs, un procureur-général du département de...... donne des renseignemens, et il était si notoire pour lui qu'on décachetait les lettres à la poste, qu'il termine sa lettre en disant : *Au surplus, M. le directeur-général a dû trouver la preuve de ce que je dis dans les correspondances*....

Dans le procès de Sauquaire-Souligné et de Goyet de la Sarthe, on a transcrit dans l'acte d'accusation des lettres de deux députés, saisies au domicile des accusés ; les défenseurs, et les députés appelés comme témoins, se sont vivement récriés sur cet emploi des lettres écrites par des tiers, qu'ils ont qualifié *d'abus.*

§ 4.

Corruption de domestiques.

C'est déjà beaucoup de violer le secret des lettres; c'en est même trop : mais que dire d'une police qui s'introduit jusque dans l'intérieur des maisons particulières, pour y propager la corruption et l'infidélité ?

Les plaintes de M. de Broglie ont révélé en 1820 que la police avait séduit deux de ses valets et qu'elle les employait à copier ses lettres, et à faire le dépouillement de ses papiers.

Aucune poursuite n'a eu lieu ni à la requête de M. de Broglie, ni d'office. Un article de journal (1) a seulement révélé au public une partie de ces faits; et même il y a eu tant de *malheur* dans la correction des épreuves, qu'au lieu d'imprimer que ce honteux manége durait depuis *six mois*, comme le portait le manuscrit; on a mis depuis *six ans*, ce qui aurait pour effet de rejeter sur d'autres

_____

(1) Courrier du 12 février 1821.

ministres et sur une autre époque, l'odieux de l'invention (1).

Ab uno disce omnes. Si l'on a découvert l'infidélité de ces deux valets, combien d'autres travaillent ainsi à l'insu de leurs maîtres ! Pour

---

(1) Il y a encore à ce sujet une anecdote qui mérite d'être racontée. Le valet de chambre de M. de Broglie croit devoir écrire au *Courrier français* une lettre ainsi conçue :

« Monsieur, dans votre numéro du 12 de ce mois, » vous annoncez que M. le duc de Broglie a honteuse- » ment chassé de chez lui son valet de chambre *qu'il* » *avait surpris dans son cabinet, occupé à transcrire fur-* » *tivement quelques-unes de ses lettres.* C'est moi qui suis » le valet de chambre de M. le duc de Broglie, et ce » n'est pas après plus de trente ans de service d'une con- » duite irréprochable, que je me serais avisé de pren- » dre, auprès d'un maître que je révère, *l'honnête emploi* » *d'espion.* Ce sont les deux domestiques en livrée, etc. » Que fait la censure? Elle efface avec son encre rouge les mots que j'ai rétablis en caractères italiques, et elle appuie surtout sa lourde plume sur ces mots, *l'honnête emploi d'espion.* Elle raccommode ensuite la phrase à sa manière ; en telle sorte qu'on croit lire la lettre d'un valet de chambre, et point du tout, c'est celle d'un censeur. Le valet parlait avec mépris des espions, et le censeur, qui apparemment les estime, les prend sous sa protection. (Voyez le Courrier fran- çais du 18 février 1821.)

en corrompre dix, il faut s'adresser à cent : et puis mettez la fidélité au rang des premières vertus ! La police en démoralisant, en corrompant à prix d'argent tous les portiers et les domestiques, détruit d'avance, autant qu'il est en elle, tout le fruit de la morale et de la religion sur cette classe d'individus. Quelle infamie ! La loi punit des travaux forcés le domestique qui commet le moindre vol à l'intérieur. La sévérité de la peine est légitimée par l'indignation que mérite un abus de confiance ! Et la police comble de ses dons avec l'or des jeux, le valet qui surprend la pensée de son maître, qui vole et qui livre ses secrets, au risque de l'envoyer en prison ou au supplice ! Et l'on parle de religion et de lois ! *Quid leges sine moribus ?*

§ 5.

Des agens provocateurs.

Mais quoi de comparable à cette race détestable d'espions connus sous le nom *d'agens provocateurs*, qui épient tous les mécontentemens pour les aigrir, les haines pour les envenimer, les mauvaises dispositions pour les

convertir en actes ; s'insinuent dans la confiance des gens ; pour les trahir ; cherchent à
surprendre leurs secrets, pour les livrer ; et
dont la trompeuse amitié a pour but de vous
conduire à la mort ! — Tel homme n'eût été
qu'un mécontent, un agent provocateur en fait
un criminel ; dans son emportement peut-être,
il eût proféré quelque cri séditieux, un agent
provocateur le pousse à la révolte ; les moyens
d'exécution manquent, l'agent provocateur en
suggère ; acquiescez à ses propositions, il court
vous dénoncer ; on vous conduit au supplice,
et l'on appelle cela sauver le trône et l'État !
Oh ! que Dupaty a raison de s'écrier, dans
l'ardeur généreuse qui le transporte contre les
délateurs :

Si la délation est un trait détestable
Quand on vous dénonça pour un fait véritable,
Que sera-t-elle, alors qu'un récit mensonger
Vingt mois dans un cachot vous aura fait plonger ;
Où qu'un traître excitant des Français qu'on opprime,
Se feindra criminel pour les pousser au crime ?
Bientôt votre complice est votre accusateur,
L'inventeur du forfait en est le délateur !

Et qu'on ne dise pas que ces agens provocateurs n'ont point existé !

Voyez dans l'ouvrage de M. Guizot les exemples qu'il rapporte.

« Voilà donc, dit-il ensuite, l'existence des agens provocateurs constatée en trois occasions différentes : et tantôt on admet leur témoignage contre un accusé qui proteste, tantôt on le refuse à des accusés qui le demandent ; une fois l'un d'eux est condamné (1) ; mais, par malheur, le fait se passe dans le fond d'un département. »

Aux exemples cités par M. Guizot, on peut ajouter ceux qu'a offerts en grand nombre l'affaire des troubles de juin, et surtout ce qui est relatif à Vauversin.

Enfin, oubliera-t-on jamais ce qu'a dit le député Donnadieu dans la séance du 19 mars 1821, consacrée au développement de la proposition tendante au renvoi du ministère comme incapable et anti-national.

« Déniez-vous, disait-il aux ministres, les délits que je vous reproche ?

» Et quel Français un peu attentif à ce qui se passe autour de lui depuis six ans, peut ignorer maintenant, que les agens du ministère ont été constamment *employés à ourdir des conspirations* (2) ?

___

(1) Castelnau, à Toulouse, condamné en juillet 1820.
(2) Quand vous n'en créez point, où voit-on des complots ?
Em. Dupaty.

» Ainsi, dans l'affaire de Pleignier à Paris, dans celle de Randon à Bordeaux, dans la conspiration de Lyon (1), dans celle prétendue du bord de l'eau, dans celle de la Bretagne, partout enfin on a vu *les mains de la police* conspirer ou protéger les conspirations, préparer l'effusion du sang français sur les échafauds ou sur le terrain de la rébellion.

» Voilà quelle a été la direction imprimée par les hommes revêtus du pouvoir ?.... »

Reprochant ensuite aux députés de n'avoir pas écouté les plaintes des victimes, M. le vicomte Donnadieu leur dit :

« La France porte aujourd'hui la peine de l'indifférence trop légère de ses représentans, pour des délits qu'il était de leur devoir d'éclairer de la plus grande lumière. Ah! croyez-le, Messieurs, croyez-en le sentiment intime de notre conscience, il existe une justice éternelle qui, tôt ou tard, fait payer chèrement à ceux qui ne remplissent pas tous les devoirs de la société, leurs crimes, leurs fautes, ou leur insouciance. »

---

(1) L'honorable député aurait pu ajouter *dans celle de Grenoble.*

M. Guizot, dans son ouvrage déjà cité, et après lui, M. Étienne à la tribune, ont rattaché à *Satan*, qui, le premier, tenta Ève sous la forme du serpent, l'origine des agens provocateurs.

L'Écriture nous en offre un second exemple que je ne puis m'empêcher de citer.

Dans le procès prévotal suscité à Jésus-Christ, on voit que les princes des prêtres et les pharisiens, qui étaient les ultrà de leur temps, employèrent des *agens provocateurs*, pour perdre Jésus.

Depuis long-temps ils le représentaient comme prêchant des *doctrines perverses*, séditieuses, subversives de l'ancien ordre de choses, et comme appelant à une révolution générale les peuples qu'il *instruisait* de leurs droits et de leurs devoirs. *Hunc Jesum invenimus* pervertentem *gentem nostram.* Luc. xxiii § 2. *Commovet populum* docens *per universam* Judæam. xxiii, Ibid. § 5.

Mais toutes ces doléances ne touchaient guères le Gouverneur romain; et, pourvu qu'on rendît à César ce qui appartenait à César, tout le reste lui semblait assez indifférent. Il répondit donc aux accusateurs : J'ai interrogé cet homme, et je n'ai rien trouvé de mal dans

toutes ses doctrines , *non inveni in eo quidquid
mali.* (*Ibid. v.* 4. *et* 14.)

Alors les princes des prêtres et les pharisiens imaginèrent d'aposter auprès de Jésus des
agens provocateurs. *Et observantes miserunt
insidiatores , qui se justos simulârent, ut ca-
perent eum in sermone , ut traderent illum
principatui et potestati præsidis.* (Luc. cap. xx,
v. 20.) Ce que M. de Sacy traduit en ces termes : *Comme ils ne cherchaient que des occasions de le perdre , ils lui envoyèrent des personnes apostées , qui contrefaisaient les gens
de bien , pour le surprendre dans ses paroles ,
afin de le livrer au magistrat et au pouvoir du
gouverneur ;* et il ajoute en note, *s'il lui échap-
pait quelques mots contre les puissances et le
gouvernement.*

Bientôt après , travestissant quelques-uns
de ses discours, ils l'accusent de s'intituler *roi
des Juifs* (1) , et de vouloir ainsi secouer le
joug des Romains (2). Jésus leur répond que

---

(1) Et dicentem se Christum REGEM esse.

(Luc, xxiii, v. 2.)

(2) « On reconnaissait Jésus pour un bon citoyen,
» dit Bossuet, et c'était une puissante recommanda-
» tion auprès de lui que d'aimer la nation judaïque.
» (*Politique tirée de l'Écriture,* tome Ier, page 41, édi-

son royaume n'est pas de ce monde. Cette réponse paraît satisfaire Pilate ; mais les accusateurs, qui s'en aperçoivent, insistent et inspirent au gouverneur des craintes sur *sa place ;*
ils le menacent de le *dénoncer :* Si vous ne le
condamnez pas, lui disent-ils, vous n'êtes pas
impérialiste ; car quiconque veut se faire roi,
se déclare contre César. *Si hunc dimittis, non
es amicus Cæsaris ; omnis enim qui se regem
facit, contradicit Cæsari.* Joan. XIX. 12.

» tion de 1709.) » D'après cela, il est probable qu'il
voyait avec peine son pays asservi aux proconsuls de
Rome. Il voulait calmer les divisions des Juifs, et les réunir dans une même opinion, sachant bien qu'il n'y a pas
de force sans union. « Jérusalem, disait-il souvent, Jé-
» rusalem qui tues les prophètes et qui lapides ceux qui
» pourraient te rendre ta gloire, combien de fois ai-je
» voulu rassembler tes enfans comme une poule qui
» ramasse ses petits sous ses ailes ! et tu n'as pas voulu !..
» (Matt. XXIII, 37, 38.) » Telle n'était pas, sans doute,
sa mission divine ; mais enfin, puisqu'on lui supposait
le dessein d'affranchir le peuple juif et de le délivrer
du joug des Romains, était-ce donc aux princes des
prêtres et aux pharisiens à prendre contre lui le parti
de l'étranger, et à lui faire un crime de ce qui eût pu
faire la gloire et l'indépendance de leur nation ? De-
vaient-ils se montrer plus Romains que Pilate ? (Voyez
Bossuet à l'endroit que j'ai cité.)

A ces mots , Pilate n'y tient plus ; il s'écrie par deux fois : *Crucifige ! Crucifige !*

Il s'en lave les mains ; mais elles sont teintes du sang innocent !

Cet exemple est loin de légitimer l'emploi des agens provocateurs.

CHAPITRE XI.

Questions particulières.

——————

§ 1.

Délits de la Presse. — Calomnies par la voie de la
.Presse.

MONTESQUIEU nous apprend pourquoi les accusations pour délits de la presse , presqu'inconnues dans les États despotiques , rares dans
les gouvernemens démocratiques, ne sont jamais plus fréquentes et plus vivement poursuivies, que dans ceux où l'aristocratie domine.
(Voyez *Esprit des Lois*, *liv. XII*, *chap.* 13.)

Tant d'accusations de ce genre dont nous
avons été témoins depuis quelques années ,
seraient-elles donc un indice que l'aristocratie
prend le dessus dans notre gouvernement ?

Je ne prétends pas agiter ici toutes les questions qu'on peut se faire sur cette matière ; je

veux me borner à un petit nombre d'observations.

Je me demande d'abord s'il est vrai que lorsqu'un citoyen est mort, on puisse écrire sur
son compte tout ce qu'on voudra, sans que
sa veuve, ni ses parens aient action en calomnie contre l'écrivain ?

Cette question s'est élevée dans le procès de
madame la maréchale Brune contre Martain-
ville. Le ministère public a pensé que la veuve
et en général les parens d'un homme décédé,
étaient *sans action* pour se plaindre des calomnies dirigées contre sa mémoire.

Il ne se dissimulait pas cependant tout ce
qu'une pareille solution avait de rigoureux.
« Notre législation récente, disait-il, offre sur
ce point une *lacune qu'il serait peut-être important de remplir;* .... mais dans l'état des
choses, vous n'oublierez pas qu'*en matière
criminelle, rien ne peut se suppléer....* La dé-
marche honorable d'une veuve, si malheureuse par ce seul titre, peut toucher notre
cœur ; mais la pitié ne saurait transformer en
droits légaux un *intérêt purement moral*, et le
cri touchant de la douleur. » (Voyez le *Moniteur* du 19 août 1819.)

Sans doute *en matière criminelle rien ne*

peut se suppléer : j'approuve fort cette maxime;
et elle acquiert un mérite de plus dans la bouche
du ministère public. Mais s'il est vrai qu'il y
ait *lacune* dans la législation actuelle, et que
la conséquence de cette lacune soit *l'impunité;*
tout ce qui en résulte, c'est qu'il est *urgent
de la remplir.*

Est-il bien vrai, toutefois, que les calomnies dirigées contre la mémoire d'un père ou
d'un époux, n'offrent pour les enfans et pour
la veuve qu'un *intérêt purement moral,* et
qu'ils soient sans action aux yeux de la loi ?
Qu'il me soit permis, à ce sujet, d'offrir au
moins des raisons·de douter.

Non-seulement la loi permet aux héritiers
de venger la mort du défunt, mais elle leur
en fait un devoir, une obligation, à peine
d'indignité.

Cette obligation imposée aux héritiers, est
commune à la veuve. La jurisprudence l'a
même étendue jusqu'aux légataires. *Omnes
enim heredes, vel eos qui loco heredis sunt,
officiosè agere circà defuncti vindictam, con-
venit. L.* 21 *, ff. de his quæ ut indignis aufer.*

Or, si la loi non-seulement permet, mais
oblige de venger la mort d'un défunt; qui
pourrait douter qu'elle permette également de

venger sa mémoire ? Il semble même qu'il y ait un *à fortiori* pour le décider ainsi, puisqu'en effet l'honneur l'emporte sur les biens et sur la vie.

Il n'y aurait pas de texte précis de loi ; il suffirait des principes généraux, qui donnent évidemment action pour se plaindre en calomnie à tous ceux sur qui elle peut rejaillir. Or, qui peut nier que la honte imprimée à la mémoire du père, ne retombe sur sa veuve et sur ses enfans ?

L'injure, en pareil cas, ne leur devient-elle pas en quelque façon personnelle ?

Lisez la fameuse loi Cornelia *de injuriis et famosis libellis*, qui fut portée par Sylla pour réprimer la licence avec laquelle les citoyens se déchiraient au sortir des guerres civilles ; *ad refrænandam licentiam quæ per bella civilia invaluerat.*

Vous y verrez que les vivans peuvent aussi être insultés dans la personne des morts. *Interdùm ex personnâ defunctorum injuriam pati videmur.*

Si l'on commet quelque insulte envers le *cadavre* de celui dont nous recueillons les biens, dit la loi romaine, nous pouvons intenter *en notre nom* l'action d'injures. Car *notre considération propre est intéressée dans l'outrage dont le défunt est l'objet.* Il en est de même s'il s'agit d'une attaque dirigée contre *sa réputation.* Dans ce cas, l'insulte est *comme faite à la personne même du successeur ; lequel a toujours intérêt de purger la réputation de son auteur* (1).

L'action nous paraît donc recevable de la part de la veuve et des héritiers.

Qui pourrait en effet se familiariser avec cette idée ? A peine un père de famille aurait fermé les yeux, sa réputation deviendrait *du domaine public !* On pourrait l'outrager, le déchirer impunément ! Il serait permis d'insulter à sa cendre, à la douleur de son vieux père, de sa femme, de ses jeunes enfans ! On pour-

---

(1) Item et si fortè CADAVERI defuncti fit injuria, cui heredes bonorumve possessores extitimus ; injuriarum nostro nomine habemus actionem. *Spectat enim ad existimationem nostram, si qua ei fiat injuria.* Idemque est si fama ejus cui heredes extitimus, lacessatur. L. 1, § 4, ff. *de injuriis et famosis libellis.*

Observa. Quoties autem FUNERI TESTATORIS VEL CADAVERI FIT INJURIA ; si quidem post aditam hereditatem fiat, DICENDUM EST HEREDI QUODAMMODO FACTAM ; semper enim *heredis interest, defuncti existimationem purgari.* Dictâ leg. 1, § 6, adde l. 27.

rait dire du soldat qu'il fut un lâche ; du général, qu'il fut un chef de brigands ; de l'ambassadeur, qu'il fut un missionnaire de troubles et
de divisions ; du négociant, qu'il fut sans honneur et sans foi ; de tout homme, enfin, qu'il
eut tel vice ou manqua de telle vertu ! et tout
cela sans preuve aucune ! Que dis-je, malgré
la preuve du contraire offerte et rapportée
par la famille en deuil ?

Que la conduite d'un citoyen soit jugée
après sa mort, je le veux ; j'avouerai même
qu'elle ne peut souvent l'être qu'à cette époque : mais dans ce jugement suprême, soyez
équitables et ne calomniez pas.

Je pense donc que, même dans l'état actuel de la législation, la veuve et les héritiers
ont action pour raison de l'injure faite à la
mémoire du défunt : — et s'il était vrai que les
principes généraux ne pussent suffire au maintien de cette action, et qu'il y eût lacune dans
la législation actuelle sur ce point, je pense
qu'il serait urgent de la remplir.

La seconde question que je me suis faite en
cette matière, est celle-ci : Pourquoi l'action en
calomnie d'un citoyen est-elle subordonnée à
l'appréciation de la Chambre d'accusation ?

On me répondra que, d'après le Code

d'instruction criminelle, la Cour d'assises n'est ordinairement saisie que par les arrêts de renvoi de la Chambre d'accusation.

Je conviens que telle est la règle générale; mais ici l'on devrait y faire exception.

En effet, avant la loi du 26 mai 1819, *sur la poursuite des délits commis par la voie de la presse*, tout citoyen qui se prétendait calomnié, avait le droit de saisir *de plano* le tribunal correctionnel par une assignation directe.

Qu'a fait la loi précitée ? Elle n'a pas changé la nature de l'action : elle a seulement établi, qu'au lieu d'être jugés par les tribunaux correctionnels, les délits de la presse seraient dorénavant soumis à l'appréciation des jurés.

Les affaires de ce genre ne cessent donc pas d'être purement correctionnelles, lorsque le fait dont on se plaint ne constitue qu'un simple délit; il n'y a que les juges de changés.

Pourquoi n'est-il donc pas permis au plaignant d'assigner directement devant la Cour d'assises au jour qui serait indiqué, de même qu'il pouvait assigner directement devant le tribunal correctionnel?

Pourquoi, du moins, si l'on pense qu'il faille

ici passer à la chambre d'accusation comme s'il s'agissait d'une affaire au grand criminel, ne pas dire que ce sera une simple forme, et que le *renvoi* sera de droit ?

Qu'arrive-t-il en effet, si, sur la plainte de l'homme qui se prétend calomnié parce qu'on l'aura appelé *voleur* ou *assassin*, la chambre d'accusation refuse de prononcer le renvoi ? Il en résulte la présomption légale qu'il n'y a pas calomnie : de sorte que, sans avoir été entendu, l'homme insulté se trouve maintenu, par arrêt, sous le poids des imputations qui avaient motivé sa plainte.

Laissez aller l'affaire à la Cour d'assises ; là les parties s'expliqueront ; le ministère public prendra ensuite le parti qu'il jugera convenable pour ou contre, selon la nature du fait et des preuves ; et les jurés prononceront. Mais dans les affaires qui intéressent l'honneur des citoyens, ne leur refusez pas l'accès de la justice, ne les privez pas du droit de défendre leur réputation au grand jour ; ne décidez pas à huis clos.

Si l'on maintient cette forme d'un arrêt de renvoi, il faudrait pour être conséquent exiger un *acte d'accusation.*

En effet l'article 241 du Code d'instruction

criminelle porte que « *dans tous les cas* où le
» prévenu sera renvoyé à la Cour d'assises ,
» le procureur-général *sera tenu* de rédiger
» un acte d'accusation. »

Voici quelle en serait l'utilité. D'après ce
même article , « l'acte d'accusation doit énon-
» cer : 1° la nature du délit qui forme la base
» de l'accusation ; 2° le fait et toutes les cir-
» constances qui peuvent aggraver ou diminuer
» la peine. »

Ainsi , par l'acte d'ccusation , on verrait quel
sera le système de l'accusation. Au lieu de cela,
on se contente de transcrire dans l'arrêt de
renvoi les passages argués, et l'on en conclut
immédiatement qu'ils constituent tel ou tel
crime ou délit.

Mais qui donc révélera à l'accusé ou à son
conseil dans quel sens les passages signalés sont
coupables ? il faut qu'il le devine : ou du moins
ce n'est qu'à l'audience qu'il l'apprendra.

Là, il verra le ministère public prononcer un
discours presque toujours écrit avec soin , avec
art ; où les passages dénoncés sont combinés avec
d'autres pages du même ouvrage ; où les termes
sont commentés , les intentions pénétrées, les
pensées perverties dans le sens de l'accusation ;
et il faudra que l'avocat chargé de défendre

l'auteur et le livre, prononce le premier mot
de son exorde après le dernier mot de la pé-
roraison du ministère public, et se livre immédiatement, avec toute l'incorrection d'une im-
provisation toujours délicate en ces matières,
à la réfutation de ce qu'on viendra de lui
lire !

Il est évident qu'avec cette méthode, l'accusation a un trop grand avantage sur la défense.

Il n'en est pas de même dans les autres accusations. Supposez, par exemple, une accusation d'assassinat.

Un acte d'accusation est dressé, qui précise
toutes les circonstances du fait ; les dépositions
y sont analysées ; si cette analyse est inexacte
ou forcée, l'avocat peut recourir aux dépositions elles-mêmes ; et comme il est rare qu'elles
changent au débat, du moins d'une manière
sensible, il peut arrêter d'avance un plan de
défense, un système de réfutation, un corps
de plaidoirie qui ne subira que peu de modi-
fications à l'audience.

Ainsi la partie se trouve à peu près égale :
il n'y a de difficulté que celle qui naît de
la gravité des charges.

Mais il n'en est pas de même en fait d'interprétation d'écrits. Là surtout *quot capita tot sensus ;* et l'esprit le plus subtil ne peut pas deviner ce qui viendra dans l'esprit d'un autre. Les beaux esprits se rencontrent ; mais les procureurs-généraux et les avocats ne se rencontrent pas si aisément.

Quand on accuse il faut toujours dire pourquoi ; et le dire d'avance, assez à temps, pour que l'accusé puisse disposer sa défense, donner des explications à son défenseur et préparer ses justifications.

§ 2.

Emploi de la Force publique dans les Séditions.

Il manque en France une loi *pour régler l'emploi de la force publique dans les séditions.*

Les Anglais ont leur *acte de mutinery*.

Nous avons eu des *lois martiales ;* elles sont tombées en désuétude ; il faut une nouvelle loi qui détermine les *avertissemens* et les *sommations préalables* qui devront précéder l'emploi de la force dans la dispersion des attroupemens.

Faute de cette loi, l'action de la force peut

quelquefois ressembler à l'action de la violence.

Avec une loi, chacun se tiendra bien averti,
et personne ne se croira autorisé à plaindre
comme des victimes ceux qui, par leur résistance à la voix du magistrat, auront pris sur
eux les conséquences d'une rébellion légalement constatée.

C'est là surtout que la loi ne doit frapper
qu'après avoir averti : *Moneat priusquam feriat.* Ainsi, n'est-ce pas un fait étrange que
celui qui a été constaté dans l'affaire des troubles de juin ? On demande à un commissaire
de police s'il y a eu avertissement préalable
donné au peuple de se retirer. — Oui, répond-
il. — Quel intervalle s'est écoulé entre cet
avertissement et la charge de cavalerie ? —
Environ quatre minutes. — Le rassemblement
était-il nombreux ? — Il y avait au mois douze
cents hommes.

Et vous voulez que douze cents hommes
aient pu, en quatre minutes, obéir et se dis-
perser de manière à ce que personne ne restât
plus sous le sabre ? Cela est impossible.

Une loi est ici nécessaire dans l'intérêt ré-
ciproque des citoyens et du Gouvernement.

Dans l'intérêt des citoyens, pour que ceux

qui suivent la foule en *amateurs*, en *historio-graphes* ou en *badauds*, reconnaissent à des signes non équivoques le moment où leur curiosité, prolongée plus long-temps, pourrait leur devenir fatale.

Dans l'intérêt du Gouvernement, afin qu'on ne puisse pas l'accuser de n'avoir point usé des ménagemens nécessaires.

Il ne suffit pas de rétablir l'ordre pour l'instant : il faut prévenir le retour du désordre ; il ne faut pas semer la haine, si l'on ne veut pas en recueillir les fruits.

Un gouvernement réduit à la nécessité de déployer la force militaire contre ses propres sujets, doit toujours agir comme le père qui veut corriger ses enfans et qui souvent frappe à côté.

N'oublions pas non plus ce que dit en thèse générale Watel, dans *son Droit des gens,* liv. 3, chap. 18, § 291. « Le plus sûr moyen » d'apaiser bien des séditions, et en même » temps le plus juste, c'est de donner satis- » faction aux peuples ; et s'ils se sont soulevés » sans sujet, ce qui n'arrive peut-être jamais, » il faut bien encore accorder pardon au plus » grand nombre. »

§ 3.

Dommages-intérêts aux accusés reconnus innocens.

Je ne suis pas le premier qui réclame une disposition aussi juste.

Quoi ! un homme est accusé : il a été long-temps détenu, prisonnier, au secret ! privé de toute communication avec sa famille.

Il était négociant ; ses effets sont venus à protêt ; on l'a mis en faillite.

Il était manufacturier ; son établissement n'étant plus soutenu par sa présence et son industrie, est tombé.

Il était simple artisan ; ses pratiques se sont perdues ; sa femme et ses enfans sont tombés dans la misère ; ils sont réduits à la mendicité.

Après un an, dix-huit mois d'instruction, de détention, de procès, il est reconnu innocent ; on l'acquitte, on lui ouvre les portes de la prison ; mais il est dénué de ressources ; il manque du nécessaire, il n'a pas de quoi satisfaire aux premiers besoins ; il retourne à sa maison ; tout y a été saisi, vendu ; il est au désespoir : que fera-t-il ?

S'il eût été trouvé coupable, il aurait dû à la société une réparation dans sa personne et dans ses biens. Il est innocent, la proposition est renversée : c'est à lui que l'indemnité est due.

« Tout fait quelconque de l'homme qui cause à autrui un dommage, oblige celui par la faute duquel il est arrivé, à le réparer. »

Cela est vrai des citoyens entre eux, et des citoyens envers la société : pourquoi la règle défaudrait-elle seulement de la société aux citoyens? (1)

Je n'en vois aucune raison équitable.

(1) En 1781, l'académie de Châlons avait mis au concours cette question : « Lorsque la société civile, ayant » accusé l'un de ses membres par l'organe du ministère » public, succombe dans cette accusation, *quels* » *seraient les moyens les plus praticables et les moins* » *dispendieux de procurer au citoyen reconnu innocent,* » *le dédommagement qui lui est dû de droit naturel ?* » — Tel est, en effet, le problème à résoudre.

§ 4.

Lois d'exception.

On nomme ainsi les lois qui font *exception au droit commun*. Elles constituent un régime *provisoire* opposé au définitif.

Ainsi, la loi qui suspend la liberté individuelle, fait exception à l'article de la Charte qui garantit cette liberté à tous les citoyens, et au droit commun de la nature, qui met la liberté au premier rang parmi les droits de l'homme.

La censure entrave la liberté de la presse; elle en suspend l'exercice.

La loi qui établirait des juridictions ou commissions temporaires, ferait exception au principe qui veut que la justice soit rendue par des tribunaux qui tiennent leur indépendance de leur inamovibilité.

Si de telles lois sont des remèdes, leur violence indiquerait qu'ils ne doivent être que les remèdes à de grands maux.

Et cependant l'expérience a pu convaincre que la suspension des règles ordinaires n'est

19*

jamais une bonne voie pour rétablir le bon ordre, et que la méconnaissance et la suspension des droits les plus chers de l'homme, ne sont pas le plus sûr moyen d'augmenter son attachement à ses devoirs.

J'aime mieux l'arbitraire de fait, que l'arbitraire de droit.

Lorsqu'il y a arbitraire de fait, le mal n'est que passager; on espère qu'il cessera. Précisément parce qu'il y a abus, la chose conserve son nom.

Mais quand l'arbitraire a revêtu les formes légales, il ne veut plus être appelé ainsi.

On en a vu un exemple dans la séance de la Chambre des députés du 18 mars 1821. Il s'agissait d'une réclamation contre une arrestation pratiquée en vertu de la loi d'exception de 1820.

M. de Girardin avait dit que cette arrestation était un acte *arbitraire.*

M. Pardessus répond : « C'est une erreur : arrêter arbitrairement un citoyen, c'est l'arrêter quoique la loi n'en donne pas le droit. On peut faire mal en arrêtant un citoyen en vertu d'une loi d'exception; mais par cela même que l'arrestation *est autorisée par la loi,* on

ne peut pas dire que ce soit un *acte arbi-*
traire. »

Les deux députés avaient raison.

L'un, parce qu'il avait en vue la loi fonda-
mentale et les droits qu'elle consacre ; l'autre,
parce qu'il n'avait en vue que l'acte revêtu des
formes de loi , qui faisait exception à la Charte
et aux droits qu'elle garantit.

La loi du 26 mars 1790 sanctionnée par
Louis XVI, avait dit : « Les *ordres arbitraires*
» emportant exil, et tous autres de la même
» nature , ainsi que toutes lettres-de-cachet ,
» sont *abolis*, et *il n'en sera plus donné à*
» *l'avenir.* »

Trente ans après, jour pour jour, la loi du
26 mars 1820 a rétabli ce que celle du 26 mars
1790 avait aboli. Au reste , la loi de 1820 doit
expirer avec la présente session , et il est à
croire qu'elle ne sera pas prorogée. Plût à
Dieu qu'il en fût de même et à tout jamais de
toutes les lois d'exception !

§ 5.

Duels.

Les duels sont un acte de barbarie.

Ils doivent être interdits chez les peuples civilisés.

Ils ne prouvent rien pour le courage ; les Romains ne les connaissaient pas.

Ils ne prouvent rien pour l'honneur, puisque la morale et la religion les réprouvent.

Pourquoi jusqu'ici les lois les plus sévères ont-elles donc été impuissantes pour les réprimer ?

Pourquoi le préjugé l'a-t-il emporté sur ces lois au point qu'elles sont regardées comme abrogées.

Ainsi le duel a cessé d'être poursuivi comme un crime : c'est désormais un acte permis.

Et cependant, qu'une rixe éclate entre deux hommes le plus souvent ivres ; qu'ils échangent quelques coups de poings ; voilà un procès correctionnel, où plus d'une fois le battu paie l'amende ?

D'où vient cette impunité pour le coup d'épée ou de pistolet; et cette sévérité pour les coups de main ? Certes on ne l'aperçoit guères : et la première fois que j'aurai à défendre d'office un boxeur, je me propose bien de plaider que c'est *un duel*, et qu'ainsi il n'y a pas de délit.

Il serait mieux sans doute de faire une nouvelle loi sur le duel : et au lieu de le punir de mort, peine en effet peu agissante sur l'esprit d'un homme qui ne la craint point puisqu'il va s'y exposer de gaîté de cœur, infliger des peines d'un autre genre.

Ainsi vous allez vous battre, par respect humain, dans la crainte d'essuyer les railleries des hommes ; vous croyez voir une sorte d'infamie à vous exposer à leurs reproches ; eh bien ! que la loi vous punisse par où vous vous montrez sensible. Vous craignez une infamie de convention, qu'elle vous imprime une flétrissure réelle : vous ne craignez pas la mort naturelle, la loi vous frappera de mort civile ; qu'elle vous déclare inhabile à exercer les droits de citoyen, indigne d'occuper des places et des emplois militaires et civils ; incapable de porter témoignage en justice, incapable de succéder, de tester, etc.

Certes voilà des peines, en apparence plus douces que celle de mort. Eh bien ! je suis convaincu qu'elles seraient plus efficaces : personne n'oserait plus croire son honneur intéressé à les affronter.

On a présenté, en 1819, un projet de loi sur cette matière ; et le rapporteur à qui j'ai communiqué mes idées sur ce point, est convenu que ce serait peut-être le seul moyen de replacer le duel au rang des crimes, de le punir convenablement, et par-là même de le réprimer avec efficacité.

§ 6.

Délits militaires ; — Délit commun ; — Justice des Suisses.

L'article 85 de la loi du 22 frimaire an 8, porte : « Les délits des militaires sont soumis » à des tribunaux spéciaux, et à des formes » particulières de jugement.... »

Mais que doit-on entendre par *délits des militaires* ? Ceci est susceptible de distinction.

Cette distinction, déjà établie par l'usage, se trouve rappelée dans l'acte du 22 avril 1815.

« Art. 54. *Les délits militaires* seuls sont du » ressort des tribunaux militaires. »

« Art. 55. Tous les autres délits, *même*
» *commis par les militaires*, sont de la com-
» pétence des tribunaux civils. »

Plusieurs autres lois ont défini ce qu'on doit
entendre par *délit militaire*, par opposition à
délit commun.

Mais une affaire peut être complexe et comprendre les deux genres de délit : en ce cas,
comment fixer la compétence ? La loi du 22
messidor, an 4 répond à cette question : « Si
» parmi deux ou plusieurs prévenus du même
» délit, il y en a un ou plusieurs militaires,
» et un ou plusieurs individus non militaires,
» la connaissance en appartient aux juges
» ordinaires. »

Ainsi, par exemple, si un soldat et un
paysan commettent de complicité un vol ou
un assassinat, ce soldat n'entraînera pas le
paysan au conseil de guerre ; mais le paysan
conduira le soldat au tribunal correctionnel
ou à la Cour d'assises.

Nulle difficulté si le soldat est Français : mais
si le délit a été commis par un soldat suisse ?....

C'est ici le lieu de parler de la *justice des
Suisses* (1).

---

(1) Si je présente ici des objections contre la Juridic-

Par l'article 25 des Capitulations conclues entre la Suisse et le gouvernement royal en 1816, il est dit que « elles (les troupes suisses) conserveront le libre exercice de LEUR JUSTICE, comme avant 1789 : et les hommes qui en feront partie, ne seront, *dans aucuns cas*, justiciables pour des *faits* de *discipline*, de *délits*, ou de *crimes*, QUE DES TRIBUNAUX MILITAIRES SUISSES. »

Mais comment concilier l'existence de ces juridictions étrangères, avec l'adage que *toute justice émane du roi* ? (principe qui n'a même été établi qu'en haine de l'inquisition et des juridictions étrangères ou usurpées). Un tel principe, qui tient à l'essence même de la souve-

tion des Suisses, qu'on ne croie pas qu'elles me soient inspirées par aucun sentiment d'antipathie pour ces étrangers. Quoique je pense qu'il y a assez de bons soldats en France, sans eux, je suis loin de méconnaître les droits que les Suisses ont à l'estime de toutes les nations. Je sais que la justice se rend chez eux avec autant de conscience que chez nous, et que leurs formes de procéder n'offrent pas moins de garanties que les nôtres. Voyez ci-dessus pages 52 et 133. Mais il ne s'agit pas ici de savoir si l'on serait aussi équitablement jugé par des juges suisses que par des juges français ; laissant de côté les personnes, *je n'examine que la question de souveraineté et de nationalité.*

raineté , peut-il souffrir une seule exception (1)?

Ce n'est pas tout. Un soldat suisse tuera un
Français : il faudra donc que les parens français aillent demander satisfaction au tribunal
suisse ?

Ce n'est pas tout encore. Un Suisse et un
Français commettront un crime , de complicité ; devant quels juges portera-t-on l'affaire ?
Traduira-t-on le Suisse à la Cour d'assises ?
ses officiers réclameront le privilége de leur
juridiction : au contraire , mènera-t-on le
Français devant ce tribunal exotique ? mais ce
serait porter atteinte à son droit de citoyen.

Fera-t-on deux procès ? ce sera violer le
principe d'indivisibilité de la procédure en
matière criminelle.

Et si le crime imputé à des Suisses capitulés
est un crime de haute trahison ! seront-ils dé-
férés suivant la Charte à la Cour des pairs de
France , ou se jugeront-ils entre eux sous prétexte que l'article 25 des Capitulations n'ex-
cepte aucun cas ?

_____

(1) Un ambassadeur turc à Paris, aurait-il le droit
de faire empaler son esclave dans la cour de son hôtel,
sous prétexte qu'il a juridiction sur ses gens , et que la
justice turque ne procède pas autrement?

Tant il est vrai que, hors des principes, tout n'est qu'embarras et difficulté !

§ 7.

Censure des Journaux, dans le compte rendu des débats judiciaires.

M. Guizot a aussi consacré un chapitre de son dernier ouvrage à parler *des restrictions apportées à la publicité des débats judiciaires.*

Il ne regarde pas seulement cette restriction comme injuste, mais encore comme illégale.

Suivant l'article 44 de la Charte, *les séances des Chambres sont publiques,* ce qui emporte non-seulement la nécessité d'y admettre le public, mais aussi la faculté de publier le récit de ce qui s'y passe par la voie des journaux, sous la seule condition que le récit sera exact et fidèle.

Or, la Charte dit également (*art.* 64) : *Les débats seront publics en matière criminelle.* Les paroles sont les mêmes comme leurs motifs. Le même texte a le même sens ; le même principe entraîne la même conséquence. La publicité des débats judiciaires, par la voie des journaux, est donc de droit, comme celle des débats politiques.

Cependant il est de fait qu'en dépit de l'analogie, ou plutôt de la parité des deux cas, la censure s'est exercée sur les débats judiciaires, mutilant à son gré, soit les faits, soit les défenses.

A l'appui de son assertion, M. Guizot cite l'exemple de ce qui s'est passé au procès du soldat qui avait tiré un coup de fusil au jeune Lallemant. Les détails de ce procès et des entraves apportées à l'intervention de la partie civile, sont demeurés inconnus au public : les journaux ont été tenus dans l'impossibilité d'en rendre aucun compte.

Je n'entre pas dans les détails de cette procédure : M. Guizot ayant pris soin de les consigner dans son ouvrage, c'est là qu'il faut les lire ; ils sont pleins d'intérêt.

Mais, à cet exemple si saillant, je joindrai des observations plus générales.

Il est de fait que, depuis l'existence de la censure, elle a étendu son action, avec un soin tout particulier, sur le compte rendu, par les journaux, des débats judiciaires ; elle s'est rendue l'auxiliaire du ministère public, pour favoriser tout ce qui pouvait disposer les esprits à la prévention, en faveur des accusations.

Une arrestation vient d'être faite ; il n'y a pas même encore de mise en accusation ; et déjà la censure permet à certains journaux de présenter le fait comme constant. Le ministère public cherche la preuve d'une conspiration ; et ces journaux affirment qu'il y a eu effectivement conspiration. Si d'autres veulent y répondre, et mettre le langage du doute à la place de ces téméraires assertions, la censure ne le permet pas ; comme la Parque, elle tue tout avec ses ciseaux.

Elle tolère des diatribes contre le personnel des prévenus ; elle permet de rappeler des antécédens qui indisposent contre eux ; et si les parties intéressées veulent répondre, il n'y a pas de place pour leurs réclamations.

Le jour des débats arrive ; certains journaux affectent de dénaturer les dépositions de quelques témoins ; d'affaiblir les observations des accusés et de leurs conseils ; la censure laisse passer cela : c'est tout simple ; elle n'a pas le droit de refaire les articles, et de rectifier de son chef des faits qu'elle ne connaît pas.

Mais d'autres journaux rendent un compte plus exact, donnent en entier ce que les premiers n'ont fait qu'indiquer, reproduisent avec fidélité ce que ceux-ci ont pris soin de travestir, et c'est sur eux que tombe la censure.

Le ministère public parle : toutes les colonnes sont ouvertes à son réquisitoire.

La défense a suivi : les journaux ne sont pas, il est vrai, obligés d'en rendre compte ; mais, du moins, qu'ils ne la défigurent pas ; qu'on ne mette pas des choses ridicules à la place de choses sensées ; qu'on ne substitue pas un plan incohérent, vague et mal rempli, à une discussion forte et bien liée. Qu'on permette, en tout cas, à ceux qui ont recueilli cette défense avec plus de soin, de la rapporter telle qu'elle a été présentée.— Non.

Le scandale a même été plus loin. Je puis citer telle affaire dans laquelle l'accusé avait été acquitté, et dans laquelle cependant il n'a pas été permis au citoyen injustement soumis à une accusation mal fondée, d'apprendre au public par quelles bonnes raisons il avait démontré son innocence ; tandis que la licence a été poussée envers d'autres journaux jusqu'à leur permettre de s'ériger en juges du jugement même, et de persifler la déclaration du jury (1).

---

(1) *Voyez* la Préface que M. Jouy a placée en tête

Ce manège de la censure a plus d'une fois tourné contre elle-même.

Ainsi, dans l'affaire des troubles de juin, un incident s'éleva sur la question des *faits généraux*. La Cour ayant décidé que les accusés ne pourraient pas faire d'excursion sur les faits généraux dans l'intérêt de la défense, Mᵉ Berville, avocat de l'un d'eux, demandait que, par réciprocité, on écartât les *faits généraux* de l'accusation.

Le *Constitutionnel* (du 4 janvier 1821) avait rapporté le discours de l'avocat; mais la censure en a retranché la moitié, et si maladroitement qu'elle ne s'est pas aperçue que le président disait immédiatement après : *C'est assez de discussions politiques, etc.* Or, la censure avait précisément supprimé le peu de politique qu'il y avait dans la réplique de Mᵉ Berville; de manière que le public, qui n'était pas dans le secret de la rature, en a tout bonnement conclu que l'interruption n'était pas fondée.

---

du *Procès de l'Hermite en province.* Il y rend compte de l'injustice et de la partialité de la censure à son égard.

M. de Pradt a consigné les mêmes plaintes à la suite du *Procès* dont il s'est vu l'objet.

La défense de M⁰ Berville n'est pas la seule qui ait été tronquée dans cette affaire. J'ai désiré voir les épreuves de quelques-unes des feuilles de l'opposition, telles qu'elles étaient revenues de la censure. Elles font peur, et toutefois elles sont curieuses à parcourir. On ne se douterait jamais des choses que la censure a cru devoir supprimer. Ainsi, par exemple, dans le plaidoyer de M⁰ Moret, avocat de l'accusé Adam, on lisait ce passage : « On » a fait entendre le cri de vive la Charte! parce » que cette œuvre sainte de la sagesse et de » l'adversité du monarque est un *pacte fon-* » *damental*, gage de paix et de stabilité. » La censure a effacé ces mots *pacte fondamental*.

Un témoin (le sieur Raffin) avait écrit au *Constitutionnel* pour donner des explications, et il terminait sa lettre par ces mots : « Ainsi » vous vous empresserez, comme je vous en » prie, de *rétablir ma déposition telle que je* » *l'ai faite*, ou d'insérer une lettre dans votre » journal. » La censure mutile la lettre, retranche une partie des explications qu'elle contient, et efface notamment l'invitation de *rétablir ma déposition telle que je l'ai faite.* Cela est tout simple ; la censure ayant coopéré par ses ratures à rendre la déposition inexacte,

ne voulait pas se prêter à une rectification qui
eût rendu ses premiers soins inutiles.

Enfin, qui le croirait! la censure s'est exercée
sur Henri IV lui-même! les paroles du bon
roi lui ont paru dangereuses apparemment;
elle a eu l'indécence de les supprimer. Me Con-
flans avait cité dans son plaidoyer cette belle
exclamation de Henri : *S'en prendre à mon
peuple, c'est s'en prendre à moi.* La censure a
effacé ces royales paroles.

Mais ce n'est pas seulement dans les affaires
criminelles que la censure s'immisce à tronquer
les dépositions et à intercepter les défenses ;
elle en use de même en matière civile.

Ainsi, par exemple, dans l'affaire du chevalier
Desgraviers contre la Liste civile, la censure
ayant cru devoir intervenir, le fit avec tant
de partialité, que le *Journal de Paris* lui-même,
si connu par la sagesse de ses rédactions, ne
put faire agréer l'article dans lequel il rendait
compte de la plaidoirie pour le pauvre créan-
cier. Mais cette rigueur est retombée par contre-
coup sur le plaidoyer de M. l'avocat-général ;
car un des censeurs, plus avisé que les autres,
fit remarquer à ses collègues, que si l'on donnait la réponse telle quelle à mes objections,
ce serait avertir le public qui ne les aurait pas

vues dans les précédens articles , que ces articles avaient été mutilés. Alors les journaux découragés ont renoncé à rendre compte
de l'affaire. C'est précisément ce que voulait
la censure.

Après avoir fait servir son pouvoir au profit
des autres, il était assez naturel que la censure
l'employât pour elle-même. C'est ce qu'elle a
fait dans l'affaire de M. Bertin-de-Vaux. Injustement accusé , justement acquitté , M. Bertin-
de-Vaux veut faire connaître au public l'arrêt
de la Cour royale par la voie du *Journal des
Débats ;* mais l'un des considérans blesse la censure dans la personne d'un censeur ; et la censure efface le considérant (1). Le *Journal des
Débats* ne veut pas publier un arrêt ainsi tron-
qué : il est réduit à annoncer brièvement que

---

(1) Mais quel est donc ce considérant *pernicieux*
que la censure a cru devoir intercepter? — Le voici :
« Oui , à l'audience de ce jour, *le sieur Briffaut,
membre de la commission de censure, appelé comme
témoin.* » — Quoi ! c'est là ce qui a blessé la censure ! —
Eh ! oui. Quelle inconvenance en effet ! oser appeler un
censeur comme témoin ! oser l'interroger ! .... Le public
ne doit point être informé de cette hardiesse.

M. Bertin-de-Vaux a été renvoyé de l'accusation portée contre lui (1).

Ainsi les arrêts mêmes des Cours, la voix
de la justice, la voix du Roi qui est censé la
rendre lui-même par l'organe des magistrats,
ne peuvent trouver grâce devant la censure !
Elle croit dangereux pour le public, parce
qu'elle trouve désagréable pour elle-même, de
publier en entier un arrêt de Cour souveraine !

La censure ne restreint donc pas seulement
la liberté de la presse; elle restreint aussi, elle

---

(1) M. le garde-des-sceaux paraissait loin de croire
que la Censure eût le droit de porter ainsi la main sur
les affaires judiciaires, lorsqu'en parlant, à la séance
du 16 avril 1821, sur la proposition de M. Syrieys de
Marinhac, il combattait l'amendement tendant à empêcher qu'on ne publiât les phrases qui auraient motivé
le rappel à l'ordre et la déportation d'un député sur
son banc. « L'amendement, disait-il, dans une discussion publique rendrait une partie de la discussion
secrète. Ce serait une chose contraire à ce qui se passe
ailleurs. Quelqu'atroce que soit un fait, quelqu'infâme
que soit un libelle, *on permet* aux journaux, en rendant compte des arrêts des tribunaux, de citer les passages incriminés. Cela est même *dans l'intérêt de la
morale publique.* » — Eh bien ! il faut aussi que ce soit
dans l'intérêt de la censure; autrement elle ne le
permet pas.

étouffe, autant qu'il est en elle, *la publicité
des débats en matière criminelle* ; elle use de
son pouvoir pour faire prospérer les accusations, accréditer les préventions, débiliter les
preuves, atténuer les défenses, préconiser les
condamnations, dénigrer les absolutions ; et
ravir aux innocens la seule consolation qu'ils
puissent avoir, celle de prouver à leurs concitoyens qu'ils furent injustement accusés !

Après avoir rappelé cette marche constante
de la censure, je puis reprendre avec M. Guizot :
— « Ce silence imposé aux journaux qui veulent rendre compte des procédures criminelles,
est une des plus tristes preuves de cet asser-
vissement de la justice à la politique, qui offense
tous les droits et détruit toutes les garanties.
La publicité des débats judiciaires a bien moins
pour objet de faire siéger les juges en présense
de quelques hommes, que de mettre la conduite des procès et les jugemens eux-mêmes
sous les yeux de tous les citoyens. C'est par-là
qu'on apprend si les formes ont été respectées
ou violées, si le vœu des lois a été rempli,
quel esprit a présidé aux débats, sur quelles
preuves a eu lieu la condamnation ou l'acquittement. Par-là, la société s'inquiète ou se rassure ; par-là le goût et la science de la justice

se répandent, et le public s'instruit dans ce qui touche de plus près à ses intérêts les plus chers. Il n'est pas un homme éclairé qui ne sache que là peut-être est le lien le plus intime qui puisse unir le peuple à son gouvernement; car de là seulement peuvent naître ce respect de la loi, cette confiance dans les magistrats, cette habitude de comprendre la justice et d'y croire, et tous ces sentimens dont l'absence laisse le pouvoir sans racine, sans appui, isolé et flottant au-dessus de la société qu'il contient par la force, mais qu'il ne possède point. »

On a donc raison de dire que la liberté de la presse est la vie du gouvernement représentatif; elle est le palladium de toutes les libertés : avec elle tout renaît, tout s'anime, tout prend du mouvement et de l'activité; sans elle, tout languit, tout dégénère, tout peut périr.

MÉMOIRE

CONTENANT DES OBSERVATIONS

SUR

L'ORDONNANCE DU 24 JUILLET 1815.

Hæc qui pro virili parte defen-
dunt, optimates sunt, cujuscumque sint
Ordinis. Cic. *pro P. Sexto, n.* 66.

Nota. En réimprimant ce Mémoire, nous en retranchons tout
ce qui était d'application particulière à l'ordonnance du 24 juillet :
cette hypothèse serait aujourd'hui sans objet. Mais nous repro-
duisons la partie de ce Mémoire contenant les principes généraux
qui formaient les prémisses de la discussion, et qui peuvent encore à présent conserver quelque intérêt sous le rapport de la
doctrine.

L'ARTICLE 2 de l'ordonnance du 24 juillet, porte que
« les individus dont les noms suivent (1), sortiront
» dans trois jours de la ville de Paris, et se retire-
» ront dans l'intérieur de la France, dans les lieux

---

(1) Choisi pour conseil par quatre d'entre eux, c'est pour leur
défense et comme avocat, que j'ai rédigé cet écrit ; il a été remis
aux ministres en août 1815. Les journaux en ont publié plusieurs
fragmens.

» que le ministre de la police leur indiquera , et où
» ils resteront sous sa surveillance , *en attendant que*
» LES CHAMBRES *statuent sur ceux d'entre eux qui*
» *devront ou sortir du royaume , ou être livrés à la*
» *poursuite des tribunaux.* »

Cette disposition finale de l'article 2, annonce
de la part du gouvernement l'intention de faire
AUX DEUX CHAMBRES une proposition qui s'appli-
quera *nominativement aux vingt-neuf individus
désignés dans cet article ,* avec distinction de ceux
qui devront ou sortir du royaume, ou être livrés à
la poursuite des tribunaux.

C'est-à-dire , en d'autres termes , que les Chambres seront appelées à *juger* ces individus (1) , et
qu'elles pourront prononcer contre une partie d'entre
eux *la peine de l'exil.*

Or une proposition de cette nature serait-elle constitutionnelle ?

Non , sans doute , s'il est prouvé :

1°. Qu'il est de l'essence des lois d'être *générales ,*
et de ne pouvoir pas être portées nominativement
contre des *particuliers ;*

2°. Qu'il est également de leur essence de ne régler que l'*avenir ,* sans pouvoir réagir sur le *passé ;*

3°. Qu'en principe , le *pouvoir judiciaire* ne

---

(1) Un des militaires désignés dans cette ordonnance, m'écrivait : « Si les Chambres nous appellent pour *nous juger,* je vous
prierai de vous charger de ma défense. Si elles nous jugent sans
nous entendre , *ce sera comme un boulet de canon qui ne se pare
point.* »

doit être confondu ni avec le *pouvoir législatif*, ni avec le *pouvoir exécutif;*

4°. Qu'en particulier , notre Charte constitutionnelle établissant la *distinction* de ces trois pouvoirs, on ne peut les *confondre* sans la violer.

PREMIÈRE PROPOSITION.

Il est de l'essence des lois d'être générales et de ne pouvoir pas être portées nominativement contre les particuliers.

La loi est une règle *commune* (1) : c'est l'expression de la volonté *publique* (2) : elle doit comprendre la *généralité* des personnes ou *l'universalité* des choses sur lesquelles elle statue (3); il est de son essence qu'elle soit portée en termes *généraux*, sans application directe et nominative à tel ou tel individu en *particulier* (4).

Autrement ce n'est plus une *loi* (5) ; c'est une décision *particulière*, purement *privée*, du genre de celles qu'on appelait *priviléges* dans le droit romain.

---

(1) Lex est commune præceptum. *L.* 1. *ff. de legibus.*

(2) Communis reipublicæ sponsio. *d. l.* 1. — C'est le contrat commun. D'Aguesseau. *t.* 1. *p.*....

(3) Quod in omnes homines, resve populus scivit, lex appellatur. Festus, in voce *rogatio.*

(4) Jura non in singulas personas, sed generaliter constituuntur. *L.* 8. *ff. de legibus.*

(5) Præcepta personæ privatæ imposita, non sunt leges. — Continuateur de Tournely, *t.* 3. *chap.* 1. *p.* 3.

On ne peut pas, dit AULU-GELLE (1), donner le nom de lois, à la délibération qui déféra le suprême commandement à Pompée, ni à celles qui furent prises à l'occasion, soit du retour de Cicéron, soit de la mort de Clodius, ni à toutes les autres ordonnances de ce genre. Car elles ne renferment pas des dispositions *générales;* elles ne règlent pas le sort de *tous les citoyens :* elles ne portent que sur des *individus.* On doit donc plutôt les appeler des *priviléges*, c'est-à-dire, des *lois privées*, dans le sens que nos ancêtres attachaient à ce mot.

Or, la loi des XII Tables défendait expressément de porter aucune loi de ce genre, surtout en matière criminelle : PRIVILEGIA NE IRROGANTO (2).

Nous disons en matière criminelle, car d'après le sentiment des meilleurs interprètes (3), le mot *irrogare*, qui peut se traduire par le mot français

_____

(1) Neque de imperio Cnei Pompeii, neque de reditu Ciceronis, neque de cœde P. Clodii quæstio, neque alia hujus generis, populi plebisve jussa, LEGES vocari possunt. Non sunt enim *generalia* jussa, neque de *universis civibus*, sed de *singulis* concepta. Quocircà, PRIVILEGIA potiùs vocari debent; quia veteres *priva* dixerunt, quæ nos *singula* diximus. AUL. GELL. *Noct. attic. X.* 20. — FESTUS in voce *privos*, donne la même définition du mot privilége. Et cette étymologie est encore confirmée par une expression singulière qui se trouve dans la loi 7 au Code théodosien *de tyronibus*, lib. VII, tit. 13 : au lieu de l'ablatif *privilegiis*, on trouve *privilegibus*. — POTHIER, in commentario ad leg. XII tab., dit que, nihil aliud est PRIVILEGIUM quàm *privata lex*, seu *de privá*, id est *de singulari personá*.

(2) JACQUES GODEFROY interprète ce texte : *In singulos homines, leges juraque ne feruntor.* — POTHIER : *Leges non ferantur in singulos homines.*

(3) POTHIER : Verba NE IRROGANTO satis innuunt ea sola privilegia prohiberi quæ in privatæ alicujus personæ *odium et pœnam*

infliger, se dit des peines, et non des faveurs dont une personne peut être l'objet (1).

Aussi voyons-nous que, dans les anciens auteurs, le mot privilége est le plus souvent employé en mauvaise part (2).

Du moins Cicéron ne s'en sert jamais qu'en ce sens.

A la vérité, il avait de bonnes raisons pour détester les *priviléges*, puisque c'était *par privilége*, c'est-à-dire, en vertu d'une *loi personnelle* qu'il avait été condamné à l'exil.

Il s'en plaint amèrement en divers endroits de ses ouvrages.

Dans son Traité des lois (3), il vante la sagesse de ces célèbres lois des XII Tables qui *prohibent*

---

statuerentur ; non verò quæ in ejus gratiam. Irrogari enim propriè dicitur, quod *in aliquem*, non quod *pro aliquo* rogatur.

Heineccius, antiq. rom. lib. 1, t. 2., n. 60 : — Lex illa dum privilegia irrogari vetuit, poenas duriores quibusdam hominibus extrà ordinem infligi prohibuit, cum vel ex verbo *irrogari* colligas, quod ad poenas pertinere nemo ignorat.

Adde Gerard. Noodt ad Pandect. tit. *de legibus*, etc. p. 18.

(1) On trouve dans les auteurs, *irrogare poenam, irroga e tributa.* Infliger une peine, imposer des tributs.

(2) Olim quidem privilegii vocabulum ferè semper in deteriorem partem acceptum videtur. Heineccius, *loco citato.* — Chez nous, au contraire, ce mot a toujours une acception favorable ; parce que nos moeurs permettent bien d'accorder des grâces spéciales, des faveurs personnelles ; mais elles ne tolèrent pas qu'on fasse servir les lois à des vengeances privées.

(3) Tum leges præclarissimæ de xii tabulis tralatæ duæ : quarum altera *privilegia tollit*....... Nondum inventis seditiosis tribunis plebis, ne cogitatis quidem ; admirandum tantum majores in posterum providisse. *In privatos homines leges ferri noluerunt :* id est, enim *privilegium.* Quo quid injustiùs ? Cùm legis hæc vis sit, scitum esse et jussum *in omnes.* (De legibus, iii. xix.)

les priviléges. Cependant, dit-il, à l'époque où ces
lois furent portées, on ne soupçonnait pas encore à
quels excès se porteraient un jour les tribuns du
peuple! Mais telle fut l'admirable prévoyance de
nos ancêtres, qu'ils défendirent qu'à l'avenir aucune
loi pût être portée *privativement* contre un citoyen.
En effet, continue-t-il, c'est un *privilége* : et l'on
ne peut rien voir de plus injuste, puisque la loi
ne tire sa force et son autorité que de ce qu'elle
est applicable *à tous sans distinction.*

Dans le discours *pro domo suâ* (1), il développe
avec plus de force encore les mêmes idées. Essayons
de le traduire :

« Quel droit, quel usage, quel exemple a pu,
dit-il, autoriser à porter une *loi capitale contre un
citoyen* NON CONDAMNÉ ?

_____

(1) Quoj ure, quo more, quo exemplo legem *nominatìm* de capite
civis *indemnati* tulisti? — Vetant leges sacratæ, vetant XII tabulæ
leges privatis hominibus irrogari : id est enim privilegium. Nemo
unquam tulit. Nihil est crudeliùs, nihil perniciosiùs, nihil quod
minùs hæc civitas ferre possit. Proscriptionis miserrimum nomen
illud et omnis acerbitas Sullani temporis, quid habet quòd maximè
sit insigne ad memoriam crudelitatis? Opinor, pœnam *in cives roma-
nos nominatìm sine judicio constitutam.* Hanc vos igitur, ponti-
fices, judicio et auctoritate vestrâ tribuno plebis potestatem da-
bitis ut proscribere possit quos velit? Quæro enim quid aliud sit
proscribere : VELITIS, JUBEATIS, UT MARCUS TULLIUS IN CIVITATE
NE SIT, BONAQUE EJUS UT MEA SINT. Ita enim fecit, etsi aliis verbis
tulit. Hoc plebiscitum est? Hæc lex, hæc rogatio est? Hoc vos
pati potestis? Hoc ferre civitas, ut singuli cives singulis versi-
culis è civitate tollantur? (Cicéron explique toutes les facilités que
les lois romaines donnaient aux accusés pour se défendre; puis il
reprend :) Hæc cùm ita sint in reo, ubi crimen est? Ubi accu-
sator? Ubi testes? Quid indignius quam qui neque adesse jussus
est, neque citatus, neque accusatus, de ejus capite, liberis, for-
tunis omnibus, suffragium ferre; et eam legem putare? Orat. *pro
Domo,* nᵒˢ 16, 17, 18.

» Il est défendu par les lois sacrées, défendu par les lois des douze Tables, de porter, contre des particuliers spécialement désignés, des *lois privées* : cela fut de tout temps intolérable ; rien de plus atroce, rien de plus pernicieux, rien de moins supportable chez un peuple comme le nôtre. Ce malheureux mot de *proscription*, et tout ce que la tyrannie de Sylla eut de plus amer, qu'offrent-ils à nos douloureux souvenirs de plus cruellement mémorable ? rien je pense qu'une *peine nominativement infligée à des citoyens romains* SANS JUGEMENT PRÉALABLE !

» Souverains pontifes, laisserez-vous donc à un tribun le pouvoir de proscrire qui bon lui semblera ? car, je le demande, n'est-ce pas proscrire que de faire cette proposition au peuple : *Voulez-vous, ordonnez-vous que Marcus Tullius ne soit plus citoyen de cette Ville, et que ses biens me soient acquis?* Car c'est au fond ce que le tribun a fait, si ce n'est pas précisément ce qu'il a dit. Et c'est là un plébiscite, une loi, une proposition légale ? Et vous pourriez souffrir, et Rome pourrait tolérer que chacun de ses citoyens fût frappé en détail par autant d'articles séparés ?

» Nos lois, continue Cicéron, ont réglé tout ce qui regarde les accusations, les délais, les procédures, les défenses, les jugemens....

» Eh bien ! où est le crime? où est l'accusateur? où sont les témoins? — Quelle indignité ! Un citoyen n'aura été ni averti de se présenter, ni assigné, ni

accusé, et l'on décidera de sa vie, du sort de sa famille et de toute sa fortune ! Et ce sera là une *loi* ?

» Non certes, dit-il dans un autre endroit (1), la
prétendue loi qui m'a condamné à l'exil est si peu une
loi, que Lucius Cotta, homme d'un esprit élevé et
d'une grande sagesse, soutenait que tout ce qui avait
été fait contre moi et rien, c'était la même chose. Il
se fondait *sur la violence qui avait régné dans l'as-*
semblée, sur *son incompétence pour prononcer une*
telle condamnation, et enfin sur la défense de porter
des lois privées (*privilegia*). En conséquence il pen-
sait que je n'avais pas besoin d'une loi pour me rendre
ce dont véritablement aucune loi ne m'avait privé.
Mais d'illustres amis ont pensé avec moi qu'il me
serait avantageux de voir toute l'Italie se prononcer
en ma faveur contre l'acte illégal qui m'avait pros-
crit. »

On ne peut pas dire que ce langage de Cicéron
était dicté par le ressentiment. Sans doute, ce grand
orateur était animé par le souvenir de l'injustice qu'il
avait éprouvée ; mais il n'en est pas moins vrai que
ses plaintes étaient fondées sur le texte précis de la

(1) In nostrâ causâ, vir magni ingenii summâque prudentiâ,
L. Cotta dicebat, nihil omninò actum esse de nobis. Præter-
quàm quod comitia illa essent armis gesta servilibus, prætereà
neque tributa capitis comitia rata esse possent, neque ulla privilegii; quo circa nihil nobis opus esse lege, de quibus nihil omninò
actum esset legibus. Sed visum est, et nobis, et clarissimis viris,
meliùs, de quò servi et latrones scivisse se aliquid dicerent, de hoc
eodem cunctam Italiam, quid sentiret, ostendere. *De legibus.* III.
xix.

loi des XII Tables , et qu'il expliquait ce texte dans le sens qu'y avaient toujours attaché les Romains.

TITE-LIVE , qui parle de cette loi avec tout le phlegme d'un écrivain désintéressé , ne l'interprète pas différemment.

Les décemvirs , dit-il (1) , ont défendu de porter des *lois privées* , c'est-à-dire des lois dirigées contre telles personnes déterminément. La raison d'équité voulant fortement que *tous* les citoyens, quelle que soit leur condition , soient gouvernés par un *droit égal* , et que les lois soient portées *pour tous* , et non pas seulement *contre quelques-uns*.

Or, ce qui était injuste à Rome , serait également injuste à Paris. L'équité est de tous les temps et de tous les lieux ; elle n'est pas différente en France de ce qu'elle fut en Italie ; le caprice des hommes n'y peut rien changer (2) , et la même raison naturelle qui a dit chez les Romains , *privilegia ne irroganto* , répète à nos législateurs : *faites des lois* GÉNÉRALES ; *mais n'en faites pas de* PERSONNELLES.

« La loi statue *sur tous*. Elle considère les hommes

---

(1) Cautum à decemviris ne de privis, id est, singulis hominibus leges ferrentur : æquitatis ratione flagitante , ut omnes homines cujuscumque conditionis, pari jure tenerentur, et jura, non in singulos, sed universos constituerentur.

(2) Huic legi nec abrogari fas est , neque derogari ex hâc aliquid licet, neque tota abrogari potest. Nec verò aut per senatum aut per populum , solvi hâc lege possumus. Nec erit alia lex Romæ, alia Athenis , alia nunc, alia posthâc ; sed et omnes gentes, et omni tempore, una lex constituit ; unusque erit communis quasi magister, et imperator omnium. Deus , ille legis hujus inventor, disceptator, lator. CICERO apud LACTANT. *Instit. div.* VI. 8.

» *en masse*, jamais comme *particuliers*. Elle ne
» doit point se mêler des faits *individuels*, ni des
» litiges qui divisent les citoyens (1). »

C'est l'office du juge (2).

Je terminerai cette première partie en rappelant ce
passage de J. J. Rousseau, cité par M. Desèze (Moniteur de 1792, page 1540) : « Là, dit-il, où je
ne vois ni la loi qui poursuit, ni la loi qui condamne,
je ne veux pas m'en rapporter à la volonté générale ;
car la volonté générale ne peut prononcer, comme
volonté générale, ni *sur un homme*, ni *sur un fait*. »

DEUXIÈME PROPOSITION.

Il est de l'essence des lois de ne régler que l'avenir,
sans pouvoir réagir sur le passé.

Les empereurs Théodose et Valentinien reconnaissent comme un principe certain que les lois ne doivent régler que le futur et qu'elles ne peuvent pas
réagir sur les faits antérieurs à leur promulgation (3).

Ce principe a passé dans notre législation. Nous
tenons aussi pour maxime que « la loi ne dispose

---

(1) Discours prélim. du Code civil.
(2) Nulla LEX in privos, sed *judicium*. (Responsum Heracliti
ad Hermodorum apud POTHIER, *ad tab*. IX, *cap*. 1. *p*. CXLVI.)
(3) Leges et constitutiones futuris certum est dare formam
negotiis, non ad facta præterita revocari. L. 7, Cod. *de legibus*.

que pour l'avenir et qu'elle n'a point d'effet rétroactif (1). »

Cette maxime est générale, elle s'applique à toutes les lois, et principalement aux lois criminelles.

Tous les jurisconsultes sont d'accord que « la loi » qui sert de titre à l'accusation, doit être *antérieure* » *à l'action* pour laquelle un citoyen est accusé. Le » législateur ne doit pas frapper sans avertir (2). En » matière criminelle, il n'y a qu'un texte formel et » *préexistant* qui puisse fonder l'action du juge (3). »

C'est une des différences qui existent entre le *juge* et le *législateur*. Le premier décide les affaires antérieures à son jugement ; le second établit des règles pour les affaires à venir (4).

S'il en était autrement, les lois ne pourraient pas avoir ce caractère de désintéressement qui les distingue, et qu'elles empruntent de ce que, statuant uniquement pour l'avenir, aucune vue particulière ne fait fléchir l'équité de leurs dispositions.

« L'intérêt et la passion corrompent les jugemens des hommes, dit Bossuet, la loi est *sans intérêt et sans passions* : elle est *sans tache et sans corruption*... elle parle *sans déguisement* et *sans flatterie*... elle est droite... on est ravi de voir comme *elle est égale*

_____

(1) Code civil, art. 2.
(2) Bacon a dit aussi en parlant de la loi : *Ut moneat oportet, priùsquam feriat*. Aphorism. 8.
(3) Discours prélim. du Code civil.
(4) Statuit de præteritis judex ; de futuris, senatus. Cic. *Part. orat.* 3.

à tout le monde, et comme, au milieu de la corruption, elle conserve son intégrité (1). »

Mais comment conservera-t-elle cette intégrité, si, semblable à Janus, elle a une face tournée vers l'avenir et une autre vers le passé (2)? Comment pourra-t-elle se garantir de la corruption si, au lieu de ne poser que des règles générales, applicables seulement à des actions futures, elle s'immisce dans la connaissance des faits antérieurs? N'est-il pas évident alors que la raison du législateur sera influencée par toutes les impressions de colère ou de pitié que feront sur lui les actions et les personnes auxquelles sa loi devra déterminément s'appliquer? N'est-il pas certain qu'au lieu d'être uniquement guidé par les principes immuables qui séparent le juste de l'injuste, il sera plus ou moins touché, séduit, entraîné par des considérations personnelles, prises de ses craintes ou de ses espérances, de ses passions ou de celles d'autrui?

Faire des lois applicables au passé, ce serait, de la part du législateur, se transformer en juge : et nous allons voir quel en serait le danger.

_____

(1) Bossuet, politique tirée de l'Ecriture sainte, *liv.* Ier. *art.* iv. *proposit.* ive.
(2) C'est ce qui fait dire à Bacon : *Non placet Janus in legibus.* **Aphor.** 47.

TROISIÈME PROPOSITION.

Le pouvoir judiciaire ne doit être confondu ni avec le pouvoir législatif ni avec le pouvoir exécutif.

La loi prescrit, défend, permet ; elle établit des peines (1) ; mais elle ne juge pas, elle ne condamne point.

Cette distinction est marquée par Bossuet : « La LOI, dit-il, donne la *règle* : et les JUGEMENS en font *l'application* aux affaires et aux questions particulières (2). »

Les rédacteurs du Code développent très-bien la même idée. Suivant eux, « l'office de la loi est de fixer par de *grandes vues* les maximes *générales* du droit, et d'établir des *principes* féconds en conséquences, et non de descendre dans le détail des questions qui peuvent naître sur chaque matière. — C'est au magistrat et au jurisconsulte, pénétrés de l'esprit général des lois, à en diriger l'application... Il y a une science pour les *législateurs* comme il y en a une pour les *magistrats*, et l'une ne ressemble pas à l'autre. La science du législateur consiste à trouver sur chaque matière les principes les plus favora-

---

(1) Legis virtus hæc est, imperare, vetare, permittere, punire. L. 7. ff. *de legibus.*
(2) BOSSUET, *politique tirée de l'Ecriture,* liv. 8, art. 3, intitulé : *De la législation et des jugemens.*

21*

bles au droit commun : la science des magistrats est de mettre ces principes en action, de les ramifier, de les étendre par une application sage et raisonnée, aux *hypothèses privées.* »

« .... Connaître d'une affaire privée, c'est faire un *acte judiciaire* et non un *acte législatif* (1). »

Les fonctions du *juge* sont donc tout-à-fait séparées des fonctions du *législateur* : et celui-là ne peut pas plus s'ingérer *à faire des lois* que celui-ci ne doit se mêler de *juger des procès.*

Dans l'état présent de notre législation, « Il est expressément défendu aux juges de prononcer par voie de disposition générale et réglementaire, sur les causes qui leur sont soumises (2). »

Les auteurs de cet article, en déduisent ainsi les motifs (3) :

« Un juge est associé à l'esprit de législation ; mais il ne saurait partager le pouvoir législatif. Une loi est un acte de souveraineté ; une décision n'est qu'un acte de juridiction ou de magistrature.

» Or, le juge deviendrait législateur, s'il pouvait, par des réglemens, statuer sur les questions qui s'offrent à son tribunal (4). Un jugement ne lie que les parties entre lesquelles il intervient. Un

---

(1) Discours prélim. du Code civil.
(2) Code civil, art. 4.
(3) Voyez les motifs du *titre préliminaire* du Code civil.
(4) Hoc enim si fieret, judex prorsus transiret in legislatorem, atque omnia ex arbitrio penderent. BACON, *aphor.* 44.

réglement lierait tous les justiciables et le tribunal lui-même.

» Il y aurait bientôt autant de législations que de ressorts (1).

» Un tribunal n'est pas dans une région assez haute pour délibérer des réglemens et des lois. Il serait circonscrit dans ses vues, comme il l'est dans son territoire ; et ses méprises ou ses erreurs pourraient être funestes au bien public.

» L'esprit de judicature qui est toujours appliqué à des détails, et qui ne prononce que sur des intérêts particuliers, ne pourrait souvent s'accorder avec l'esprit du législateur qui voit les choses plus généralement et d'une manière plus étendue et plus vaste.

» Au surplus, *les pouvoirs sont réglés : aucun ne doit franchir ses limites.* »

Il en résulte réciproquement qu'il n'est jamais permis au législateur de se constituer juge dans une affaire particulière. Autrement, ce serait admettre le plus funeste des principes ; ce serait renouveler parmi nous la désastreuse législation des rescripts. Car, lorsque le législateur intervient pour prononcer

---

(1) A Rome, les préteurs s'étaient arrogé le pouvoir législatif. Avant d'entrer en charge, chacun d'eux faisait son *édit.* Ce fut la source des plus crians abus. Car ces édits étaient presque toujours rédigés *in gratiam odiumve certorum hominum.* Dion. Cass. *lib.* 36. C'est à propos d'un édit de ce genre que Cicéron apostrophe Verrès, en lui disant : *Si hoc juris non unius causâ hominis edixisses, cautiùs composuisses.* Cic. *in verrem* I. 42. Voyez mon Précis historique du Droit romain, 3ᵉ édition, *p.* 30.

sur des affaires nées et vivement agitées entre particuliers, il n'est pas plus à l'abri de la surprise que
les tribunaux. On a même moins à redouter l'arbitraire réglé, timide et circonspect d'un magistrat qui
peut être réformé et qui est soumis à l'action en
forfaiture, que l'arbitraire absolu d'un pouvoir in-
dépendant qui n'est jamais responsable..... L'application de la *justice distributive* ne peut jamais ap-
partenir au législateur, uniquement ministre de
cette *équité générale* qui, sans égard à aucune
circonstance particulière, embrasse *l'universalité
des choses et des personnes.* Des lois intervenues
sur une affaire privée, seraient donc souvent sus-
pectes de partialité, et toujours elles seraient rétroactives et injustes pour ceux dont le litige aurait
précédé l'intervention de ces lois (1).

Si tout cela est vrai dans le cas même où il ne
s'agirait que d'une *affaire pécuniaire*, combien les
mêmes réflexions n'acquièrent-elles pas de force,
lorsqu'il s'agit *d'affaires criminelles*, nées au sein
d'une révolution où toutes les passions se sont ai-
gries dans le sein des divers partis ?

Mais continuons de voir la chose en général.

« Il n'y a point de liberté, dit Montesquieu (2),
*si la puissance de juger n'est pas séparée de la puis-
sance législative et de l'exécutrice. Si elle était*

---

(1) Discours prélim. du Code civil.
(2) Esprit des lois, liv. xi, chap. 6.

jointe à la puissance législative, le pouvoir sur la vie et la liberté des citoyens serait arbitraire ; car le juge serait législateur. Si elle était jointe à la puissance exécutrice, le juge pourrait avoir la force d'être oppresseur.

» Dans les anciennes républiques, on n'avait pas des idées bien nettes sur la division des pouvoirs ; à chaque instant l'équilibre se trouvait rompu ; de là, les troubles et les révolutions dont le gouvernement de Rome nous fournit tant d'exemples, sous la république.

» Quelques empereurs romains eurent la fureur de juger ; nuls règnes n'étonnèrent plus l'Univers par leurs injustices (1). »

On ne manquera pas d'objecter qu'autrefois nos rois ont rendu la justice en personne.

Sans doute, mais ce ne fut pas dans les temps les plus heureux de la monarchie : ce fut dans des temps d'ignorance, au milieu des ténèbres de la féodalité ; lorsque la justice était devenue le patrimoine de chaque seigneur dans l'étendue de son fief ; qu'on distinguait dans la France, les pays *de l'obéissance le roi* et les pays *hors l'obéissance le roi* ; quand le roi, en un mot, *n'était roi que dans ses domaines* et *simple suzerain du surplus.*

Quelques exemples devenus plus rares en proportion de ce que les lumières ont acquis plus de

_____

(1) Esprit des Lois, liv. VI, chap. 5.

force, ne constatent pas la perpétuité du droit, mais seulement des traces de l'abus; et le petit nombre de jugemens auxquels nos rois ont assisté en personne, ne prouvent pas plus l'avantage de réunir le pouvoir judiciaire au pouvoir exécutif, que les fréquens refus apportés par les parlemens à l'enregistrement des édits, ne prouvent en faveur de la réunion du pouvoir législatif au droit de juger.

A mesure qu'on est revenu à des idées plus saines, on a de plus en plus senti le besoin d'isoler les pouvoirs (1).

Ainsi, sous Louis XIII, lorsque ce monarque voulut être juge dans le procès du duc de la Valette, le président de Bellièvre dit « qu'il voyait » dans cette affaire une chose étrange, un prince » opiner au jugement d'un de ses sujets; que les » rois ne s'étaient réservé que les grâces, et qu'ils » renvoyaient les condamnations vers leurs offi- » ciers (2). »

Sous Louis XV, le Parlement tout entier professa la même doctrine. Dans les remontrances que ce Parlement fit le 1er mars 1721, au sujet de l'arrêt du conseil qui évoquait le procès criminel du duc de La Force, on lit ce qui suit : « Votre » Majesté n'est réservée que pour faire des grâces

_____

(1) Moreau, Discours sur l'Histoire de France, tom. VII, pag. 293, prétend que, sous Charlemagne, la distinction des pouvoirs existait.

(2) Mémoires de Montrésor, tom. II, pag. 62 ; Henryon de Pansey.

» à ses sujets. Elle ne doit leur répandre que des
» bienfaits; elle les aime avec trop de tendresse
» pour leur imposer des peines ou des châtimens.
» Il n'est pas de la majesté royale, occupée du
» gouvernement d'un grand royaume, de se tour-
» ner aux longueurs d'une procédure criminelle (1).»

Le grand Théodose crut remédier au mal, en
portant une loi (2) qui suspendait pendant trente
jours l'exécution des sentences que le prince aurait
rendues dans la fureur de sa vengeance.

Il eût mieux valu dire que le prince ne jugerait
jamais, et que le *pouvoir judiciaire* ne serait jamais
réuni au *pouvoir législatif*, ni au *pouvoir exécutif.*

Chez les Turcs où ces trois pouvoirs sont dans la
même main, il règne un affreux despotisme.

Dans les républiques d'Italie où ces trois pouvoirs
étaient réunis, on n'était guères mieux jugé qu'à
Constantinople.

» Voyez, dit Montesquieu (3), quelle peut être
» la situation d'un citoyen dans ces républiques.
» Le même corps de magistrature a, comme exé-

---

(1) Par suite de ces remontrances, l'arrêt du Conseil fut révoqué par lettres-patentes qui furent registrées au Parlement le
12 juillet 1721.

(2) *Voy.* loi 13, au Code théod. *de pœnis*; et la loi 20, au Code
de Justinien, au même titre. Denis Godefroy, abrégeant cette loi,
dit *Damnato à principe irato, dantur justi triginta dies.* Au contraire, les sentences rendues *par les juges* devaient être exécutées
sans retard. *Ut convictos velox pœna subducat.* L. 5, C. *de custod.
reor.* L. 18. C. *de pœnis.*

(3) Esprit des lois, liv. xi, chap. 6.

» cuteur des lois, toute la puissance qu'il s'est don-
» née comme législateur. Il peut ravager l'État par
» ses *volontés générales;* et comme il a encore la
» puissance de juger, il peut détruire chaque ci-
» toyen par ses *volontés particulières.* »

Ces notions générales sur la division des pouvoirs et sur les abus qui naissent de leur confusion,
sont vraies surtout dans les États monarchiques.

« Le prince ne peut pas juger dans les monar-
» chies : la constitution serait détruite, les pou-
» voirs intermédiaires, dépendans, anéantis ; on
» verrait cesser toutes les formalités des jugemens,
» la crainte s'emparerait de tous les esprits; on
» verrait la pâleur sur tous les visages ; plus de con-
» fiance, plus d'honneur, plus d'amour, plus de
» sûreté, plus de monarchie (1). »

En 1788 , M. d'Antraigues établit dans son *Mé-*
moire sur les États-généraux, « qu'un roi ne
» peut, en aucun cas, exercer le pouvoir judiciaire...
» qu'il doit veiller au maintien des lois, mais non
» appliquer les décisions de la loi. »

Les idées avaient fait ce progrès lorsque l'Assemblée constituante rendit, le 1er octobre 1789, un
décret dont l'article 19 est ainsi conçu : « *Le pou-*
» *voir judiciaire* ne pourra en aucun cas être exercé
» par le roi, ni par le *Corps législatif;* mais la jus-
» tice sera administrée *au nom du roi,* par les seuls

---

(1) Esprit des lois, liv. vi, chap. 5.

» tribunaux établis par la loi, suivant les principes
» de la constitution, et selon les formes déterminées
» par la loi. »

Cette disposition a été refondue dans la constitution de 1791, dont le titre 3, *des pouvoirs publics*, traite distinctement :

1°. Du pouvoir législatif, *art.* 3 ;

2°. Du pouvoir exécutif, *art.* 4 ;

3°. Du pouvoir judiciaire, *art.* 5.

Le chapitre 5 ayant pour rubrique *du pouvoir judiciaire*, porte ensuite, art. 1er, « le *pouvoir judiciaire*
» ne peut, en aucun cas, être exercé par le *Corps*
» *législatif* ni par le *roi*. »

Plût à Dieu qu'on eût sévèrement observé ce principe ! Le sang des rois n'eût pas coulé sur l'échafaud !...

Si le principe a été méconnu cette fois, on n'a
que mieux senti la nécessité d'y revenir. On retrouve
de nouveau la distinction des pouvoirs établie et l'indépendance du pouvoir judiciaire assurée dans la
constitution de l'an III, dans celle de l'an VIII et
dans le sénatus-consulte du 28 floréal an XII, article 1er (1). Un avis du Conseil d'État, du 1er avril
1807, approuvé le 18, rappelle encore cette dis-

---

(1) Napoléon lui-même évita de s'attribuer le pouvoir judiciaire : et lorsque dans l'affaire de madame de Douhault on voulu t
lui donner à entendre qu'il avait le droit de réviser ce procès *jure
majestatis*, il refusa d'accepter le pouvoir dont on le flattait bas-
sement en cette occasion.

tinction des pouvoirs ; il y est dit : « On a toujours
» regardé comme une garantie politique , que la
» même autorité qui fait la loi , ne soit pas chargée
» de l'exécuter. »

Ce principe forme encore aujourd'hui l'une des
maximes fondamentales de notre droit public.

QUATRIÈME PROPOSITION.

*La Charte constitutionnelle établissant la division
des pouvoirs, on ne peut pas les réunir ni les confondre , sans la violer,*

Nota. Le développement de cette proposition avait pour but
de faire ressortir les différentes violations que paraissait devoir
entraîner une mesure qui eût appelé les Chambres à juger des citoyens nominativement, soit par forme de loi *privée*, soit par
forme de *jugement.*

Tout ce détail serait aujourd'hui parfaitement inutile.

Je me contenterai de rappeler les considérations par lesquelles
ce Mémoire était terminé :

Telles sont les difficultés que l'on rencontrera
inévitablement, si l'on veut ériger les législateurs
en juges.

Ces difficultés, on les évite, ou plutôt on les
résout, en laissant les choses aller leur cours ordinaire.

Pourquoi se défier des lois et des tribunaux ?

Les lois sont plus sages que les hommes : et de tous

les hommes, ceux sur qui le gouvernement peut le mieux compter, sont les juges. — « Leur office, a » dit un de nos Magistrats, est de maintenir l'au- » torité en prévenant l'arbitraire, et d'assurer la » soumission en ôtant tout prétexte à la révolte (1).»

Jamais l'opinion publique n'a rejeté sur le gouvernement les condamnations *même injustes*, portées par les tribunaux ordinaires.

Et elle s'est constamment élevée contre les condamnations *même justes*, prononcées par des Commissions extraordinaires et des tribunaux d'exception.

Pourquoi? parce qu'on ne peut jamais reprocher au gouvernement d'avoir laissé agir les juges et les lois;

Tandis qu'on lui fait toujours un crime d'avoir interverti l'ordre des juridictions, et violé les principes établis.

---

(1) Discours de M. le premier président Séguier, lors de l'institution de la Cour royale de Paris.

FIN.

PRINCIPAUX OUVRAGES DE L'AUTEUR.

1. TRAITÉ DES SUCCESSIONS ab intestat. Paris, 1804, 1 vol. in-12.

2. PRINCIPIA JURIS CIVILIS cum romani, tum gallici, seu selecta legum romanarum cum civili codice aptè concordantium, etc. Parisiis, 1806 et ann. seqq.; 5 vol. in-12.

3. RÉFLEXIONS sur l'Enseignement et l'Étude du Droit, suivies de règles sur la manière de soutenir thèse dans les actes publics. Paris, Everat, 1807, prem. édition; broch. in-8.
    Nota. Cet opuscule a été réimprimé avec l'ouvrage suivant :

4. MANUEL des étudians en droit, contenant une Notice des livres qui leur sont le plus nécessaires. Paris, Durand, 1808; 1 vol. in-18; — deuxième édition, Paris, Baudouin, 1821; in-18.

5. EXAMEN sur les élémens de Droit romain selon l'ordre des Institutes de Justinien, traduit du latin de M. Perreau. Paris, frères Clament, 1810; 1 vol. in-12.

6. Jo. GOTLIEB. HEINECCII RECITATIONES in elementa juris civilis secundùm ordinem institutionum. Accesserunt operâ et curâ A. M. J. J. DUPIN notæ et observationes quibus textus vel explanatur, vel emendatur, vel illustratur; quibusque sedula ac perpetua romanarum et gallicarum legum collatio continetur. Parisiis, Warée; 2 vol. in-8.

7. SYNOPSIS elementorum juris romani juxtà Heineccii doctrinam. Accesserunt notulæ in quibus variæ quæque definitiones à Lorry, Ferrière, etc. incomptæ, Heineccianis breviter apponuntur. Parisiis, Durand, 1811; in-18.

8. PROLEGOMENA juris ad usum scolæ et fori. In-18.

9. DISSERTATION sur le domaine des mers et la contrebande. Paris, Warée, 1811; broch. in-12.

10. DICTIONNAIRE des Arrêts modernes. Paris, Nève, 1812; in-4°.

11. DE LA LIBRE DÉFENSE des Accusés. Paris, Arthus-Bertrand, octobre 1815; broch. in-8.

12. MÉMOIRES, Plaidoyers et Consultations depuis 1806 jusqu'en 1821 ; onze vol. in-4.

13. LETTRES sur la profession d'avocat, et Bibliothèque choisie des livres de droit, avec un supplément contenant des Notices historiques et bibliographiques sur plusieurs ouvrages de droit et de pratique, remarquables par leur antiquité ou leur originalité. Paris, Warée, 1818 ; 2 forts vol. in-8.

14. CODE du Commerce des bois et charbons. Paris, 1817 ; 2 vol. in-8.

15. EXTRAIT DU BULLETIN des Lois, et de la Collection in-4. dite du Louvre, par ordre de matières ; RECUEIL composé pour la commodité des fonctionnaires publics et des citoyens, en exécution de l'avis du Conseil d'État du 7 janvier 1813, sur la commission spéciale du garde-des-sceaux.

Les parties de ce Recueil qui ont déjà paru sont celles-ci :

16. LOIS DES LOIS, ou Recueil de toutes les dispositions législatives, concernant les lois, etc. Paris, 1817, Guillaume et comp. ; 1 vol. in-12.

17. LOIS sur l'Organisation judiciaire. Paris, Guillaume et comp., 1819 ; 2 vol. in-8.

18. LOIS CIVILES, servant de supplément au Code civil, suivies d'un Recueil particulier des lois concernant spécialement le droit des tiers, avec cette épigraphe : *Sauf en autres choses notre droit, et l'autrui en toutes.* Même libraire, 1819 ; 2 vol. in-8.

19. LOIS COMMERCIALES, servant de supplément au Code de Commerce, etc. ; 1 vol. in-8.

20. LOIS ET ACTES sur les Majorats. In-8.

21. LOIS DE PROCÉDURE CIVILE, tant devant les Tribunaux ordinaires qu'en cassation et au Conseil d'État. In-8.

22. LOIS CRIMINELLES, servant de supplément au Code d'instruction criminelle et au Code pénal de 1810, avec deux appendices, l'un contenant les Codes de 1791 et de l'an IV, l'autre, les lois d'exception promulguées depuis la restauration. Paris, Guillaume, 1821 ; in-8.

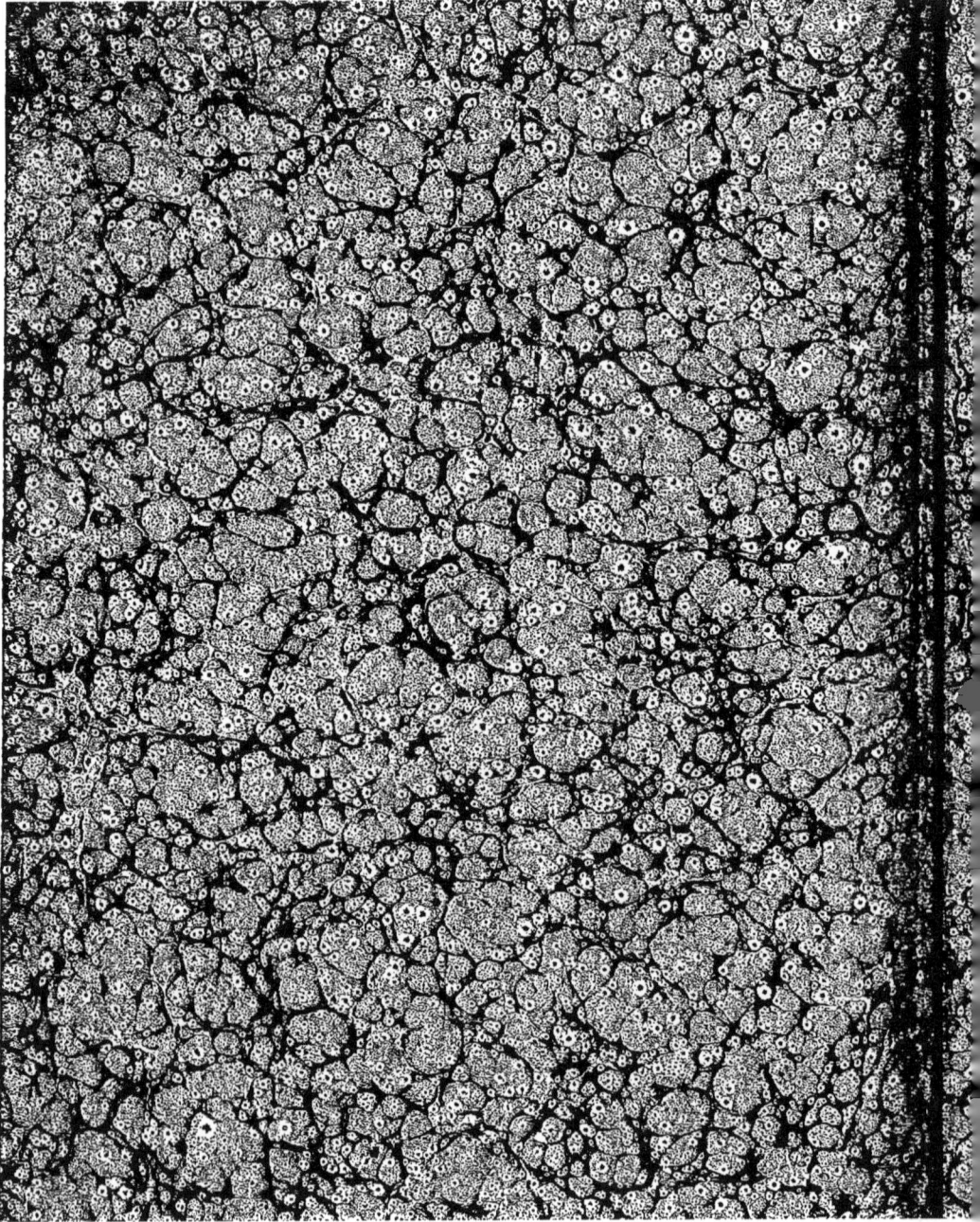

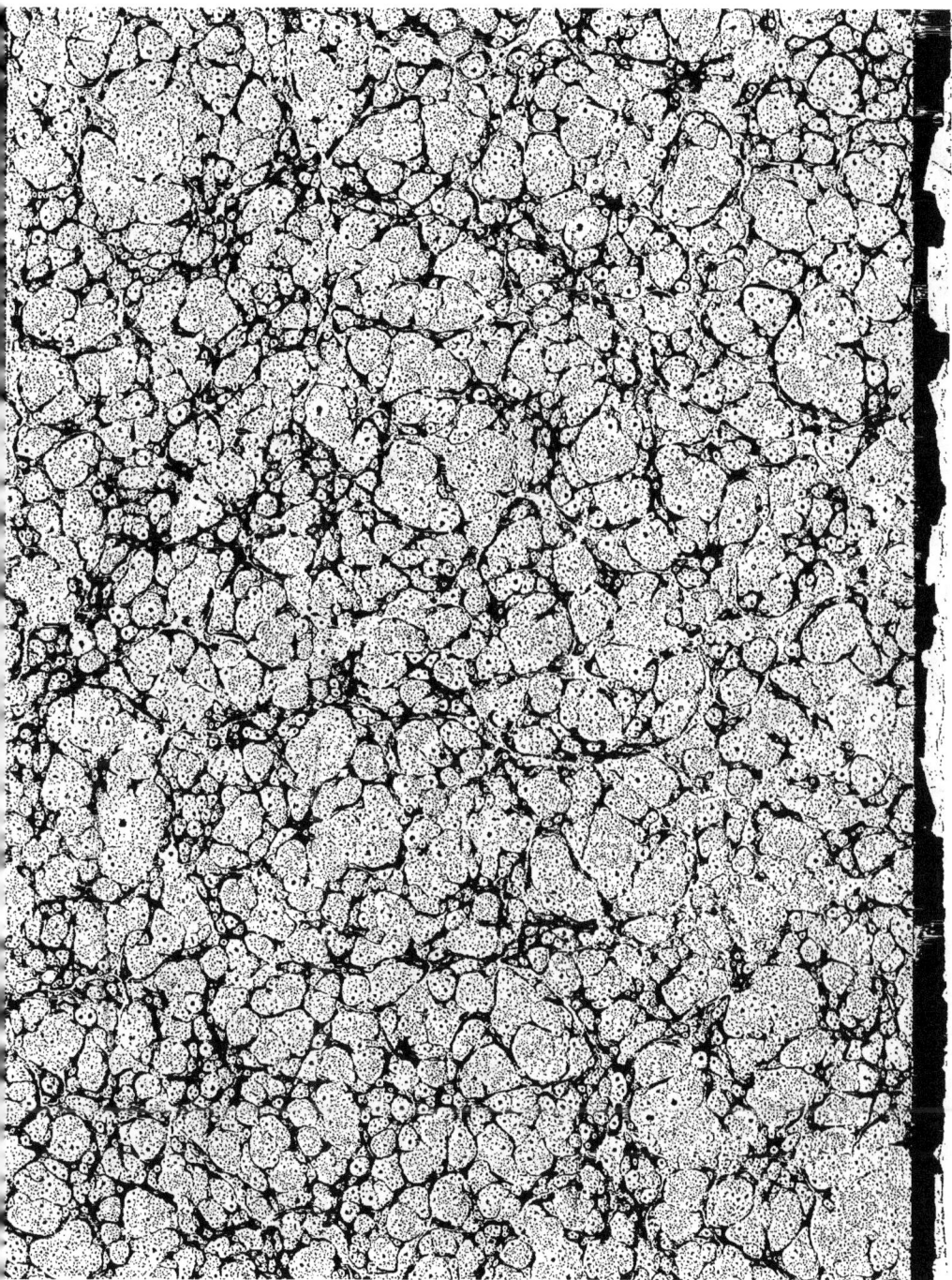

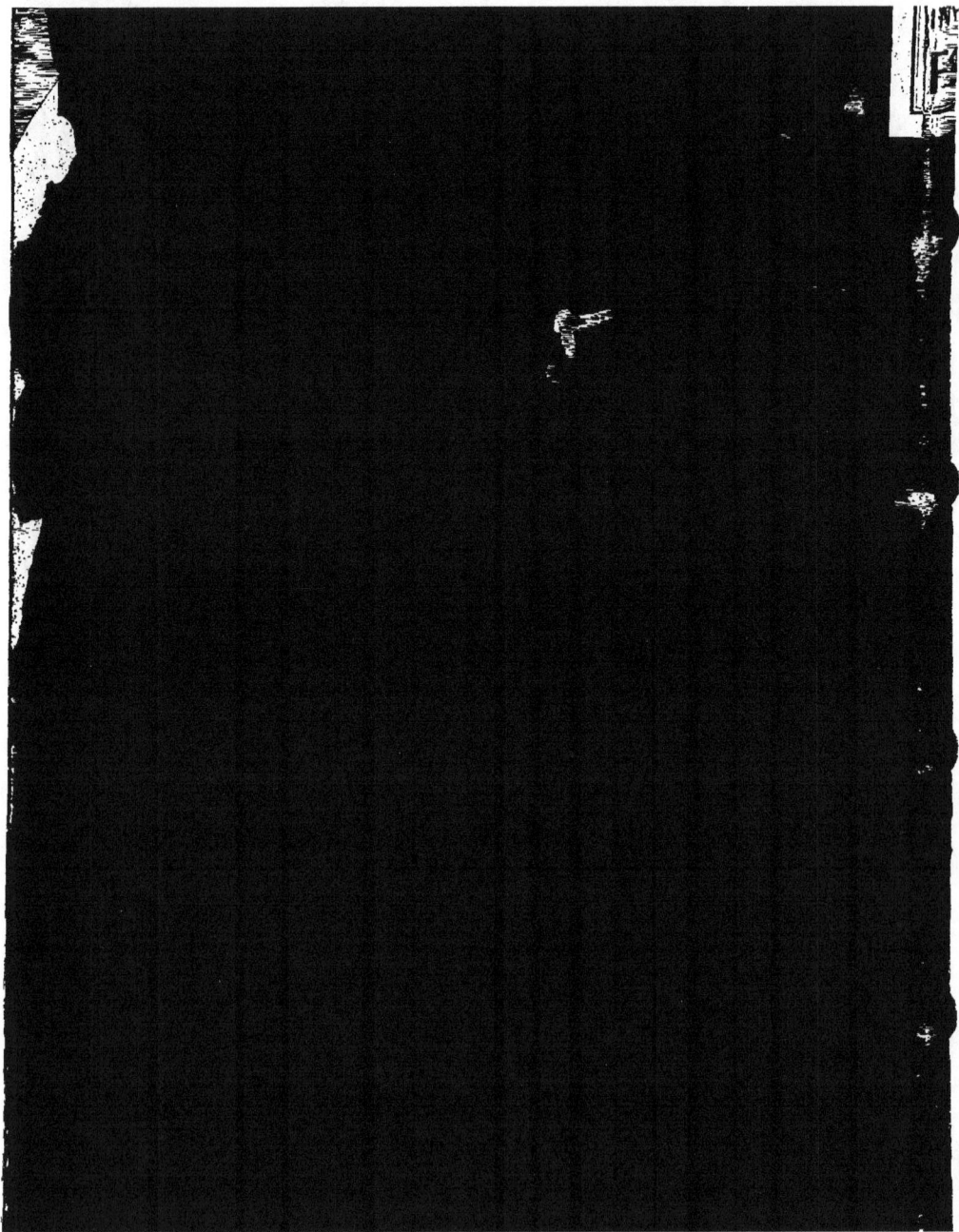